品牌定位

网店吸睛五步法

视觉设计

旺铺成长终极攻略

文案撰写

文案摇滚帮☆著

价值输出

营销推广

中国友谊出版公司

目录 | CONTENTS

移动互联网时代的营销创新秘笈

在传统营销的时代，相对于节奏，营销创新的质量或许更重要。一个好的广告片，一个当红的明星代言，可以有 3~5 年的生命周期。

到了 PC（Personal Computer，个人电脑）互联网营销时代，信息迭代的速度变得迅猛，营销的生命周期大为减少。一个优秀的品牌，如果在网上半年以上都没有创新的传播，很快就会被消费者遗忘。以淘品牌为例，无论是阿芙还是御泥坊，在打造品牌的过程中，它们的营销秘诀就是，每个季度做一次大的事件营销，也就是所谓的品牌运动，而传统品牌基本上是一年或者几年才做一次大的品牌运动。

而到了移动互联网时代，人们的注意力与时间更为碎片化，人们获取信息的量级与信息更新迭代的速度都呈几何倍数似的增长，因而在移动互联网营销的环境中，我们认为，营销创新的速度比质量更为重要，营销的有效生命周期将大幅缩短，创新的周期将会以周或者天为单位。

那么在营销创新的过程中，“四两拨千斤”的手法，也即抓热点做话题营销，可以将营销的主题和当下流行的热点巧妙结合起来。举两个杜蕾斯借势营销的案例：

其一，2012年奥运会，刘翔旧伤复发，跨栏摔倒，但坚持走完全程。杜蕾斯官方微博对此发出如下微博：最快的男人并不是最好的，坚持到底才是真正强大的男人！

其二，文章出轨，马伊琍发表声明称“婚姻不易，且行且珍惜”。杜蕾斯官方微博马上回应：有我，且行且安全。

当然，精于此道的不仅仅只是杜蕾斯的营销团队。

在自媒体快速崛起且鱼龙混珠、泥沙俱下的2014年，一个叫作“文案摇滚帮”的微信公众账号异军突起，以电影《大话西游》一般跳跃式的行文风格，以及后现代主义的表述方式，让人眼前一亮。无论是文字的老练程度，还是对热点事件的巧妙拿捏，都让人难以相信这个写作团队的主要成员都是“85后”。

由于带有鲜明的时代特征和人群特征，看过他们微信公众账号的人群基本上是两极分化，懂他们的人会会心一笑，拍手称赞，不懂他们的人会一头雾水，不知所云。用网络语言来讲，懂他们文中的梗很重要。

由于他们文中的梗基本上都是网络流行语或者当下的网络热点事件，所以对于传播的时效性要求很高，正如前面所讲，营销创新的速度很重要，一旦这个热点过了，文章的时效性和影响力也就衰减了。

当然，瑕不掩瑜，对于营销从业人员来讲，文案摇滚帮的文章和方法都是值得借鉴和学习的。

淘品牌创始人 | 金光

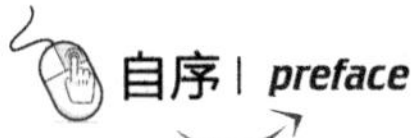

今天是 3 月 12 日，植树节。

10 年前的今天，我给一个姑娘写了封“信”（那会儿，我们管这玩意叫情书），在那封信里我是这么装逼[1]的：“每年的今天，我都会种一棵树。今年的今天，我种了两棵，一棵长在土地里，一棵种在了我的心里。”

10 年后的今天，那段青涩故事已成过往，那时的少年和姑娘也都凋零在了时光里，可如今作文，却依旧要以这么个事例做引，心境大概也只是“自笑好文如好色，只今怀树不怀人”了。所以，现在你看到的文字，不再是煽情求爱的情书，而是一点点喷薄欲出的衷肠。

或者，这也是一颗树种，不久以后就会长成好大一棵树。

在这篇文章正经的开头处，我想套用一个很俗套的句

[1] 装逼：网络用语。特指一种人类行为，有两种意思：一种是卖弄、做作的自我满足甚至欺骗性质的行为，向别人表现出自己所缺少不具备的气质；另一种意思是指向别人掩饰自己的才能，以达到掩盖自己真实的实力、欺骗对方的行为，有时也是谦虚的表现。——编者注

式——“当我们在写文案的时候，我们写的是什么？”

是的，这是“文案摇滚帮”开山立派这么久以来，第一次公开地扪心自问。对于很多希望我们帮他们写一段文字的企业和商家而言，对于更多的关注我们的每一个个体受众（读者、看客或者粉丝）而言，想必这个问题也是你们感兴趣的。

在阐述这个问题之前，我想先说说文案摇滚帮这个组织。如果用比较冠冕堂皇的说法来讲的话，我们大概可以这么介绍自己——“文案摇滚帮，一个矢志于文案与品牌建设的年轻集合体，追寻品牌与品质并举、逼格[1]与型格[2]兼具的新营销玩法”。可是这个自我介绍看起来似乎有一股子浓郁的死命往高大上靠，以至于用力过猛反而流于粗鄙的意味。于是，我决定直接引用不久前某媒体编辑给我们下的一段评语。

“文案摇滚帮，据说是互联网圈最狂狷邪魅、风骚入骨的文案解决方案提供者，关于广告、关于文案。看了文案摇滚帮的作品，你根本把持不住。”

2013年，我把我个人博客的Slogan（标语、口号）改成了这么一句话——为兴趣而作。我觉得把这句话用在文案摇滚帮身上也很合适，我们不过就是几个因为兴趣相投而玩到一起的“老少年”，而且恰巧都还通晓那么一丢丢侍弄文字的小伎俩，仅此而已。

文案摇滚帮每天都要做的一件事就是，把组织好的内容

[1] 逼格：网络用语。意为装逼的格调，与贱格相对。——编者注
[2] 型格：网络用语。指外型独特、个性，又有品味、格调的人或物。——编者注

放到文案摇滚帮微信公众账号的后台，再推送给阅读内容的粉丝，以及因其偶然看到某一两处喜欢的字词句段并喜不自禁地分享出去而受到更多人们的关注。然后，我们借此与更多人展开交流、互动。每天，除开读者们从微信反馈回来的信息之外，我们看到的最多的一句话是：再小的个体，也有自己的品牌——这是微信公众账号的口号，也是我们对品牌的理解。不管是臭味相投，还是心有戚戚，文案摇滚帮的这几个人至少拥有这么一个共同的理念——我们相信品牌的力量。

品牌是什么？品牌是你在做选择或评判时一种下意识的反应——品牌是说到篮球必然会提 NBA（National Basketball Association，美国国家篮球协会），品牌是谈粉丝经济就绕不开小米，品牌是我买洗发水只选清扬，品牌是这篇文章到现在已经用了 6 个破折号，而且在这篇文章的后半部分，破折号还将继续出现。

关于我们所处的当下，有很多种定义——互联网时代、新消费时代，等等。不管哪种说法，实际的情况都是：你不能只登高一呼，大喊一声“我很牛逼[1]”，你还得告诉我你为什么这么牛逼。新的品牌策略就是要凸显出参与感，你得告诉你的受众：现在，让我们一起牛逼！由于互联网的普及和社交网络的勾连，逼格已经开始根植于某一群体，于是参与

[1] 牛逼：又写作牛 B、NB、牛掰、流弊，生活用语，略带粗口，形容对方行为上或认识上的一种状态，多指出语者的发自内心的感叹，赞赏很厉害的意思。——编者注

感开始变得重要起来，比如我们耳闻目睹的果粉、米粉。

所以，文案摇滚帮的这本书会将品牌建构的过程展示给你看——参与的过程就是品牌快感的不断沉淀与烙印。

所以，回到最开始的那个问题，“当我们在写文案的时候，我们写的是什么？”关于文案，我们不仅仅是想抛出掷地有声的浓缩了品牌奥义的诸如“此刻尽丝滑”之类的金玉良言，我们更热衷于解构品牌的策略，溯源品牌的建设过程，就好比有一个姑娘，她不只告诉你她肤白貌美体格风骚，还会把她的玲珑浮凸明眸善睐秀给你看。

所以，这本书里，我们不仅告诉你我们是干什么的，而且还告诉你我们一直以来是怎么干的。我们在帮别人构建品牌的时候，也在构建着我们自己的品牌。对此，文案摇滚帮绝不讳言。在之前，我们帮很多人出谋划策；这一次，我们为自己代言。

最后，在这篇束手束脚到无所适从的自我剖析的序言的结尾，请容许我装一把逼，化用《百年孤独》里的一句话——“很多年以后，面对破折号，处女座的马乔将会回想起，文案摇滚帮帮主让他自卖自夸的那个遥远的植树节的晚上。”

文案摇滚帮成员｜马乔

品牌定位：

网店运营的海上灯塔

集齐 32 个赞召唤神龙：郎朗纸尿裤区别定位策略

> 今日需求：想要从产品趋同、辨识度不高的纸尿裤市场脱颖而出，怎么破？
>
> 使用场景：郎朗纸尿裤旗舰店

不好意思，我们今天要讲的郎朗不是我们大家都喜爱的钢琴家郎朗，而是一款名叫郎朗的婴儿纸尿裤。从名字上来说，郎是男子的意思，朗大概是晴朗的意思，所以照这么说，郎朗纸尿裤一定是款男孩子专用的让屁屁“晴朗”无比的纸尿裤啦？不过其实，郎朗纸尿裤是无差别防漏的产品，女孩子也可以用。

古人有云，唯女子与小人难养也。对于这句话，现代人的理解其实早已偏离它最初的释义，但我却觉得，无论怎么理解，这句话都万分有理。即使已经为照顾孩子备齐了各种装备，但基本上，我遇到的所有刚有了孩子的父母，都对孩子的啼哭无计可施——孩子匪夷所思的啼哭是一直伴随他们的BGM（Background Music，背景音乐）。如果此刻空气能违背物理原理，不再传播声音该多好。

当然，郎朗纸尿裤必然无法承受这份生命之重，毕竟它的最终功能只是单一地吸尿而已。但其实这也足够了，倘若孩子能因其毫无破绽的吸尿功力而舒舒服服，父母就少了一次抱怨、一次眉头紧皱，没准还能少一次因为厌烦而寻花问柳的冲动。

因此，将产品定位为“让世界安静”，大概是一个不错的选择——养育的过程中，除了拍萌照、晒萌娃，其他的事大半痛苦，而郎朗纸尿裤的责任就是伴着美妙的钢琴声，愉快地吸着尿，让小屁屁倍儿干爽，让熊孩子们彻底闭嘴——这也是产品所提供的超凡价值。

那么，要如何更好地诠释郎朗纸尿裤的产品价值呢？

这个时候，有一句话突然在我的脑海中跳了出来：Keep Calm and Carry On（保持冷静，继续前行）。传言这是第二次世界大战时英国政府为了鼓舞民众士气而发布的海报文案，现如今已是流行语句了。彼时彼刻，英国友人遭受着来自法西斯的摧残；此时此分，年轻的父母忍受上辈子是折翼天使的孩子的哭闹。为了结合郎朗纸尿裤，鼓舞我们身边的朋友，我就把句子改了一下：Keep Calm and Piss On。翻译过来大致是“保持冷静，继续尿”——请原谅我不羁的翻译。

让孩子毫无顾忌、肆无忌惮地尿，这份冷静、胸怀和信心应该是为人父母的表率，可以集满32个赞并召唤神龙。所以郎朗纸尿裤的广告可以是这样的——

七嘴八舌，脑洞大开

Lee：郎朗纸尿裤，未来艺术家的第一条裤子。

秀清：妈，听到郎朗弹的琴声，我忍不住啊，那就用郎朗吧。

崔颖：今晚，妈妈终于可以睡个好觉了。

张小懵：1. 爱，撑得起他晴朗的笑，也要容得下他肆意的尿。爱，是他察觉不到的包容，是他习以为常的柔情。2. 郎朗，让我和宝宝一起睡得香甜，梦见晴朗。3. 郎朗，收服熊孩子，睡好一整晚。

↑图1-1　郎朗纸尿裤产品包装解决方案①

↑图1-2　郎朗纸尿裤产品包装解决方案②

评选你心中的最佳品牌建设方案

彭旭

采取定位战略是为了在传播过度的信息时代，给人留下独特的印象和记忆点，在受众的脑海中占有一席之地，从而占据一定的市场份额。好奇、帮宝适、安儿乐等大牌普遍从安睡、干爽、舒服、透气等传统印象出发，诉诸消费者拥有自身之后的利益和感受。郎朗纸尿裤要想在竞争激烈的市场中脱颖而出，应避免再从这些传统印象中寻求定位，避免活在巨头的阴影之下。

好奇、帮宝适、安儿乐们的纸尿裤以防尿为主，防大便为辅——如果在搜索引擎上搜索关键词“纸尿裤+拉屎”，就会看到很多妈妈们吐槽这些知名品牌防屎不力。痛点即卖点，痛点即机会，郎朗要形成独特的定位，就要从这些大品牌的软肋中寻找机会。郎朗纸尿裤不妨将自身定位为“中国第一款专门防宝宝大便的纸尿裤”，从大牌们的痛处定位，树立“防大便纸尿裤”的独特形象，在以免除妈妈们对宝宝大便的后顾之忧为卖点的同时，流露出一种“一览众山小”的不屑——大便都能防，何况尿乎？

因此，郎朗纸尿裤应该把产品研发的重点放在防宝宝大便方面，以使定位名副其实，满足妈妈们对郎朗纸尿裤的预期。

Slogan：专注宝宝大便防护。

文案：穿上郎朗，宝宝随“便”，妈妈放心。

腹黑小天真

我曾用尿不湿代替过“姨妈巾”，结果发现，尿不湿的吸附能力不是盖的。因此，我个人认为，做一款母婴系列的卫生棉说不定会很有市场——专为新生妈妈打造的贴心礼物，将这样的“姨妈巾”和尿不湿放在一起卖超有爱有木有？

首先，从第一次胎心波动到剪断脐带的那一刻，那种初为人母的喜悦应该是无与伦比的吧？宝宝用郎朗纸尿裤，妈妈用郎朗卫生棉，郎朗将母子的联系延续下去。

其次，妈妈晚上得照顾宝宝，连睡个整觉都是奢望，那种像纸尿裤一样的大号“姨妈巾”想想就挺有安全感的。

郭小翠

确切地说，郎朗纸尿裤旗舰店的目标消费人群集中为“85后”、“90后”，这些人多是独生子女，更独立，更有趣味性，也想得开，他们希望自己的孩子也能特立独行、幽默诙谐。因此，郎朗纸尿裤旗舰店可以做一款能“独立思考的纸尿裤”。

展开思路是：让用郎朗的孩子们比他们的父母更霸气，让孩子的父母被孩子惊呆，让孩子的父母崇拜自己的孩子。

具体文案：

你们尽情狂欢，我有郎朗。

你们放心工作，我有郎朗。

你们尽管睡饱，我有郎朗。

终结全世界失眠的时代，解放两代人的劳动力，结束24小时无休止的焦虑。

苏李谊谊

可将郎朗纸尿裤比作“晴天宝宝”，进行如下活动。首先，进行“一起玩晴天宝宝”活动——发动“80后”、“90后”爸爸妈妈发挥创意“玩”宝宝，各路买家在网络上大秀GIF动态图片。当然，宝宝要穿着郎朗纸尿裤。

其次，进行“爸爸妈妈爱晴天宝宝”活动，让辣妈和酷爸也试穿一把。

最后，推出定制版微信朋友圈小游戏，比如“我

1分钟帮宝宝换了N条纸尿裤，获得超级奶爸称号，不服你来挑战”，等等。

山不在

优化产品方面：首先，分男女款，男宝宝的“小弟弟”不能受热，不然会影响生育，所以男款的前裆要比女款薄；其次，设计荧光状的尿屎双显系统，既能显示尿尿的量（设置一个峰值，达标必换），也能提示“臭臭”，晚上也看得清；再次，分尿用款和屎用款，前者瞬吸强、锁水，后者强调结实、不漏不掉，所以纸尿裤的腰围部分要宽厚结实，后背要高；最后，按季节分类，春天要温柔呵护，夏天要超薄干爽，秋天要滋润不干，冬天要超大超厚。

包装推广方面：首先，和不同的品牌合作，推出不同的图案系列，在包装上细分购买人群；其次，合理利用耳熟能详的儿童歌曲。

张小懵

“谁发明了婴儿这种外星生物”这个段子讲述的是新爸妈的甜蜜与烦恼。对于新爸妈来说，小宝宝既新鲜好玩又充满各种麻烦，简直就是甜蜜的负担。我个人认为，这就应该是郎朗纸尿裤的定位呀！因此，郎朗纸尿裤文案或许可以这样设置：外星小怪物，我只负责给你两小时喂奶，至于10分钟一尿，只能交给郎朗！

经郎朗纸尿裤天猫店非常负责任地遴选，最佳品牌建设方案来自：@彭旭、@郭小翠，以及亲爱的@山不在！

高大上就这么任性：巧罗巧克力摆脱价格战泥淖

今日需求：国内某轻手工巧克力领导品牌不想再玩价格战了，怎么破？

使用场景：巧罗旗舰店

无论国际知名大牌还是“国内驰名商标”，但凡开了天猫店的，骨子里都会有一种嫡出情结——身为名门正派，最憎恶旁门左道之流，自己好不容易稳扎稳打立了个高光牌坊，怎能容得下尔等小贼造次？然而，无论是否愿意承认，许多天猫店店主都过不了这道坎——对于伎俩多端的小店，在心理上希望避而远之，在实战中又不得不与其贴身肉搏。

主打“轻手工巧克力”的天猫巧罗旗舰店就不幸成为了这其中的一员。巧罗巧克力从选材、配方到制作工艺，都是不折不扣的“高大上”，口感风味俱佳，但却也遭到一些产品质量平庸的巧克力店铺的价格战围攻。也不知是有意还是无意，从二维图文效果来看，这些小店的巧克力和巧罗巧克力的同质感很强，在此基础上，稍微出挑一点的图文设计以及促销手段，都可以使其在巧克力市场中分一杯羹。

在这样的情况下，手握高档巧克力产品的巧罗旗舰店不得不自降价格，在逼仄的巷战中谋求稳定的销量。但巧罗旗舰店却发现，自己刚刚放下架子，便迅速成了战场上被动的防御者。如果想要摆脱价格战的泥淖，赌上天猫店的尊严，高昂地抬起嫡出的头颅，目前看来似乎只有一个解决的办法：制造差异性。

巧克力本身的品质是巧罗最具差异性的地方，可惜剁手党们在巧克力入口之前是不会知道这码事儿的。所以让我们切换到吐槽模式，看看巧罗有哪些可以制造差异性的点。

“巧罗”这个名字，巧克力的“巧”确实有平滑地引发联想的效果，但是“罗”字就显得有点万劫不复了。当我们谈论以“罗”结尾的名字的时候，我们在谈论什么？足坛巨星C罗（克里斯蒂亚诺·罗纳尔多）、前足坛巨星肥罗（罗纳尔多·路易斯·纳扎里奥·达·利马）、日本料理天妇罗、《海贼王》里的特拉法尔加·罗、《火影忍者》里的我爱罗……这样比较之下，是不是忽然之间觉得“巧罗”低到了尘埃里，再也叫不响了？

品牌的名字显然是不能改的，不过考虑到天猫店的尊贵身份，建议巧罗旗舰店在推新品或者推爆款的时候考虑制造一些词组：

隐贵·巧罗——纯可可脂醇黑夹心巧克力；

奢致·巧罗——黑加仑味黑松露巧克力；

巧罗·10季——北纬10°松露巧克力；

巧罗·20季——20微米黄金丝滑巧克力；

……

和单纯的“巧罗”两个字，或者其他牌子的巧克力相比，是不是忽然之间有了一种华丽的感觉？

巧罗，所谓制造差异性，并非只是要让你从那些杂牌小店中跳脱出来，而是要让你与过去的自己告别啊！

进入巧罗旗舰店，你会发现，巧罗旗舰店产品的图片还是很精美的，不过作为门面，它们在设计思路上存在一个问题——你又不是在摆摊卖水果，为什么要把所有的产品都搬到这里来？你这样会让天秤座不知道该选哪个了好吗？

想要制造些差异吗？砍掉首页所陈列的80%的产品吧，留几个爆款就够了。记住“物以稀为贵”这句话，不然会被喜

↓图1–3 巧罗旗舰店首页

欢吃轻奢甜品的狮子座鄙视的！

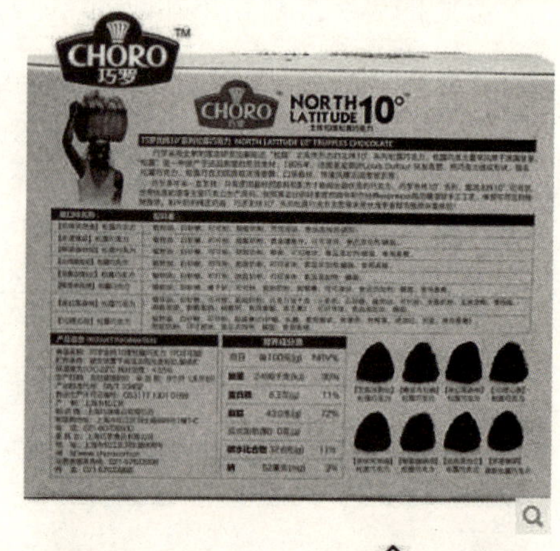

↑图 1-4　巧罗旗舰店的包装物陈列

进入某爆款的产品详情页，终于看到有槽可吐的图片了——5 张图片中有 4 张都是不痛不痒的包装，你是要闹哪样？而且这种包装既不低调奢华又不高贵冷艳，你是在秀什么？不过，如果这些包装足够酷炫的话，多在页面上放置一些包装的图片未尝不是一种制造差异性的好办法，不过你得找个好美编。

当然，你的思路可以不仅限于此，如果肯砸钱，请个潜力嫩模、阳光正太来代言巧罗巧克力也是不错的主意。这些模特的质量务必要达到 TVC（Television Commercial，电视商业广告）上镜模特的水准，如果走夏日清凉路线的话，记得要剃腋毛。

最后，让我们从文案的角度，以“分享”为主题（毕竟，没有多少人会买巧克力回来自己独享的吧），为品质“碉堡[1]”的巧罗巧克力送上一段富有既视感的文案，重塑品牌差异性：

从北纬 10° 的采摘，到 20 微米的黄金丝滑，30 克的醇厚滋味，让我此刻不愿一个人。

“下一刻，我们之间将不再有秘密。”我知道，其实

七嘴八舌，脑洞大开

希傲太：巧而馥蜜者，罗织千万种融于舌间的奢华。

花开若相惜：幸福滋味不只有他能给。

饭较瘦：天空隔着玻璃，理想要跨过现实，我和你之间只少了巧罗。

刘哲：唇齿间，巧遇罗曼蒂克。

谢进辉：只有开口，才能了解属于你的私人甜蜜。

冯佩斐：人生七巧，倘我无法带你一一领略，愿这盒网罗百味的尤物，能弥补我们之间的空白格。

[1] 碉堡：在网络用语中等同于“屌爆”，是后者的谐音词，表示某事件或事物“太厉害了”的意思，与“弱爆”成反义。——编者注

这句话说错了。一个人究竟要隐藏多少甜蜜，才能巧妙地度过一生？这才是唇齿相依时丝丝入扣的滋味。

她把幸福戴在了无名指上，而食指，正等待着我的甜蜜。

精致巧罗，分享下一刻。

评选你心中的最佳品牌建设方案

瘦皮球

先说说我个人对品牌溢价的观点。所谓品牌溢价，是三个方面共同作用的结果，即消费力、产品力和竞争力。

先从消费力开始分析，从数据上看，讨论该品牌的溢价似乎是伪命题。以近两年的淘宝指数为例，巧罗旗舰店的消费者大都是18—24岁的女性，消费水平中等，这样的群体是很难创造溢价空间的。那么，是不是就真的没戏了？不一定，考虑到该品牌的消费者以江、浙、沪、黑、吉、辽籍居多，且这些地区女性多好面子，巧罗旗舰店可以从包装设计开始确立腔调，甚至可以接触定制类业务——如果一个懵懂少年能因为一次用心的定制礼物而赢得一个少女的心，他会在乎自己要为此付出多少钱吗？

从产品力角度讲，如文案摇滚帮所言，巧罗旗舰店的产品太多太杂，颇有点迎合屌丝[1]市场的意思。怎么破？做减法！请根据用户购买数据和消费习惯分析（调研也罢，使用江湖策等工具辅助分析也好），重点打造几款符合主要消费目标群体口味的产品，并在首页对其进行隆重推荐。

zerooO

一个刚出道且有逼格的牌子，通常不屑与“屌丝”为伍。但若真想跑销量，最好的办法就是借力。你说你多牛没人知道，但你说你比德芙巧克力更牛，大家心里就有个谱儿了。所以巧罗旗舰店的广告语就可以这么写：纯手工精制，不只是丝滑。

稀释到空白

既不想打价格战，又想销量蹭蹭往上走，提升逼格绝对是个好途径。淘宝集市店安妮森林的每件衣服下面都会加上“安妮说”这个版块，在这个版块下，一件

[1] 屌丝：网络用语。指一个人符合穷、丑、呆、矮、胖这些特征。开始通常用作称呼“矮矬穷”（与“高富帅”或“白富美”相对）的人，如今已成为一种社会性的自嘲现象。——编者注

普通的森林系大黑裙硬被加上“夏奈尔小姐说：不论是谁，胖的瘦的，高的矮的，她们穿上小黑裙就觉得自己变得漂亮了……”的文案。从中我们可以Get（获得）到几个关键点：1. 用繁体字显得更文艺；2. 将香奈儿女士称作夏奈尔女士；3. 同时要善于运用省略号。就这么几句话，安妮森林就把自己店里的服装和淘宝网一众打着原单[1]口号的爆款衣裙区别开来了。

巧罗巧克力的目标消费者和这些逼格较高的淘宝网原创女装店的相似，巧罗旗舰店大可借鉴此种营销模式，为每种巧克力写上几个不痛不痒的小句子或者简短的故事。当然，这么做的同时，要去掉“爆款”、“红遍网络”、“狂销3000件”这样的字眼。

Memorecool

为了追求心爱的女孩，我曾经送她一箱肉松饼，她拒绝了我。后来我又买了一块和一箱旺旺仙贝一样价格的蛋糕送给她，她终于答应了我。为什么，她明明更爱吃肉松饼？因为她追踪蛋糕的店铺，发现我送她的蛋糕必须用525毫升的眼泪制成。

---

[1] 原单：也叫余单、尾单。厂家在完成订单后，利用剩余的原料偷偷制作版型一模一样的产品，这就是原单。——编者注

巧罗旗舰店可以定期推出限量版的巧克力，配上诸如上文所言的心灵故事，相信可以热卖——买不起限量包包，限量巧克力还是可以买买的嘛。当然，巧罗旗舰店必须大幅提高巧克力的包装档次。

经巧罗旗舰店非常负责任地遴选，最佳品牌建设方案来自：
@zerooO 与 @ 瘦皮球！

人艰不拆：
高歌女装“改过自新”再定位

今日需求：产品定位不明晰，风格混乱，怎么破？

使用场景：gogirl（高歌女装）旗舰店

一打开高歌女装旗舰店页面，大路货的感觉扑面！

一家卖衣服的，店主、买手、设计师的品位自然重要，但更重要的是，衣服的风格必须鲜明。可你这衣服混乱没调性，是要闹哪样？

甜美风？

欧美风？

日韩风？

大妈风？头顶一坨奇怪的东西，背个摆摊包，身着奶奶款开衫，我只想说：“模特辛苦了。”

城乡结合部风？屎黄色、蕾丝花边、大蝴蝶结，

↑图 1–5　高歌女装产品模特图①

↑图 1-6　高歌女装产品模特图②

↑图 1-7　高歌女装产品模特图③

↑图 1-8　高歌女装产品模特图④

↑图 1-9　高歌女装产品模特图⑤

还有大红色的“专供”两个字，专供给杀马特非主流？要真都是杀马特风也就好了，粉红大布娃娃都那么火。

网上卖衣服真的不怕衣服丑，就怕没调性、没风格。你看天猫女装三巨头茵曼、裂帛、阿卡，哪个不是非主流？但人家风格统一，模特有辨识度，这就赢了。

因此，“高歌”迫切需要的不是文案，而是一个独具风格的买手团队。统一产品调性，甜美就一路甜美到底了，多看看《ViVi》、《瑞丽》这些女人杂志就成了。

本人被混乱的衣服风格炸了炸，之后才注意到导航栏。话说，文字对齐很难吗？衣服风格已经很混乱了，导航栏还那么混乱，美工一定不是处女座。

首页 Banner（横幅）基本都是英文加折扣信息，把 Spring Love（春天的爱）搞这么大做甚，还有一坨不明所以的 Special Offer——又是“专供”。其实，产

↑图 1–10 高歌女装旗舰店首页导航栏

↑图 1–11 高歌女装旗舰店首页 Banner

品定位不是欧美风、高端大气定制风，英文还真不适合。况且，以本图文字来看，信息重点只有“满249减50，专柜款顺丰包邮”两条，所以放开那个Love（爱）好嘛！

全店几乎所有图片都是白底的。统一的背景会显得画面干净清爽，是好事。不过，模特皮肤这么白，连五官都不清晰了真的好吗？

服装类的店铺不需要功能性的文案，以往以LUNA为代表的超夸张文案也已经过时，女性对于衣服的选择多还是看款式和价格，文案只需要简单明了，能让消费者一看就知道衣服的特色就行了。比如：

绿色主题——一路高歌去踏青。

校园主题——为青春奏一曲高歌。

欧美复古主题——复兴时装的十四行诗。

确定好一个主题，紧接着就要从产品、视觉、环境等方面将风格发挥到极致。怎样确定主题风格？这其实要建立在高歌品牌定位的基础上。

七嘴八舌，脑洞大开

蓉儿：且青春行乐，趁韶光仍在。且高歌着身，度曼妙年华。

草木本鑫：高飚新派，歌我异彩；压抑太久？你，需要高歌。没有伯牙的古琴？有高歌，一样有知己。

欧恒照明：高歌，来自欧美，让每一天都是初恋的感觉。

黑猫家的长颈鹿：高歌，让心声由内而外。

秀清：这个盛夏，需要撒点野。

花开若相惜：穿衣服，不如穿心情。高歌，装扮一天好心情。

大黑：生命如此短暂，此时不高歌，更待何时？

Terry：高歌，青春就是这么不同色。

瘦皮球：一切贪恋美好的自爱，都值得高歌。

评选你心中的最佳品牌建设方案

Georgina

虽然会有一些莫名其妙的东西混进来，仿佛想把妈妈和女儿一网打尽，但如果没有猜错，高歌女装旗舰店应该想走清新亮丽的青春风吧？立足于此，高歌女装旗舰店可以适时推出一些单元，例如“一月新年季”、“三月春游篇”、“六月毕业季”、“八月职场菜鸟入职季”、“九月新学期”，等等。虽然这不是什么新鲜的创意，但其中可玩的花样甚多，总比做个毫无亮点和章法的“大路货”要强吧。

_薇笑

作为一名资深剁手党，高歌女装旗舰店确实不是我的选择：首先，这种“淘宝脸”的模特一抓一大把，看过页面之后，我记不住脸，也记不住衣服；其次，衣服既不时髦也无特色，产品定位不明晰，既然多一件不多、少一件不少，那我又为什么要付钱呢？再次，性价比不高。

相对来讲，*cicishop* 旗舰店在各方面都要好得多：模特一样的漂亮，但是装发有特色；在定位方面，*cicishop* 旗舰店也明确自己的顾客是偏爱复古、甜美的学生群体。

bigbiggirl

如做一个高歌女装旗舰店的春夏专题，可以这么来：

以首页海报为入口，买家点击海报，即可进入专题页。

在文案包装方面，设置主题为——文森特·梵高的印象论，副信息为——时代的歌者春夏复古来袭，折扣信息为——满 2×× 减 ××。之所以以梵高来作为文案的激发点，一是梵高与高歌女装名字中同有“高”字，二是作为欧洲历史上的伟大人物，梵高有深意，可以赋予高歌女装品牌以特别的价值。

在画面形式方面，也可借用梵高的作品来表现。梵高为著名画家，他的印象风风景画让人钦佩，他的人物画也表现出自己的独特个性，高歌女装也是一个有着自我性格的品牌，以梵高的个性来映衬品牌个性，赋予品牌生命力。

雨逸轻尘

风格不明显确实是高歌女装旗舰店的硬伤。当然，普通的衣服，也可以通过小物的搭配、模特的演绎、拍摄的手法而焕发全新的光彩。或许，高歌女装旗舰店可以从给模特化个特别的妆，找个有想法的摄影师、有点儿功力的搭配师、用点儿心的美编，以及写一个有文化的文案开始吧。

何小毛

风格太混乱是硬伤。无论从色系、款型、花纹，还是从模特——是的，连模特都有乱入的，满屏幕甜美白人小妞中突然蹦出来一个短发中国妹——都彰显不出任何统一性。大部分上网买衣服的妹子本身都具有一定的风格偏好，自己平时穿什么、适合什么，每个人各有定位。可高歌女装旗舰店并没有定位自身，那又如何吸引具有同样风格的顾客?

因此，如果是打甜美牌、走欧美风，就请下架所有大妈羊毛衫和村姑T恤。另外，高歌女装旗舰店需要招聘一个新的造型师。

定位之后，就需要从文案、图片等各方面包装产品，打营销牌。夏装上线的时候，可以围绕夏装做一个专题，比如“高歌·冰激凌之夏”，等等。配合大型的专题页及相关文案，比如：

香草甜心（黄白色系）——最爱传统的香草味道，清爽柔和的甜香，让夏天成为了最美的季节。

薄荷佳人（绿色系）——如同蝉鸣声中吹过一缕微风，薄荷的清凉，是夏天最诱人的美丽。

草莓爱恋（粉色系）——从少女时代就爱不释口的草莓味，绵延了一个又一个夏天的甜美。是粉嫩的娇俏，在绿荫下染上一抹红晕。

经高歌女装旗舰店非常负责任地遴选，最佳品牌建设方案来自：
@bigbiggirl 和 @ 何小毛！

让我们一起萌萌哒：望客眼镜卖出独一无二新眼镜

今日需求：产品定位不明确，卖太阳镜附送老花镜、近视镜，怎么破？

使用场景：望客旗舰店

当我打开望客旗舰店的时候，我瞬间明白：为什么那个夏天，姑娘只是默默摇头。因为我以为我戴墨镜的时候是这样的——

→图 1–12　望客旗舰店产品模特图

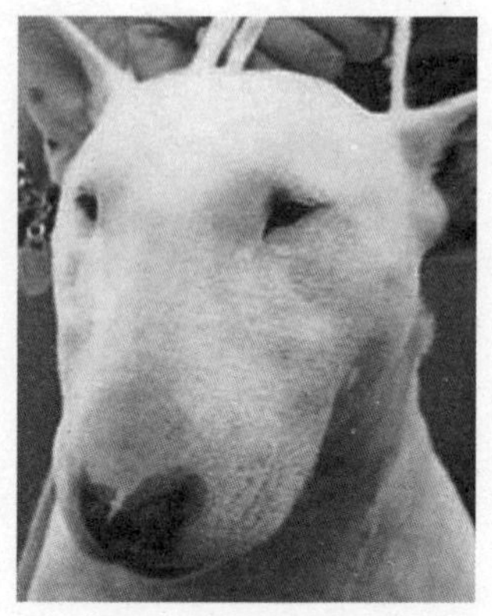

↑图 1–13　望客旗舰店产品“买家秀”

而其实，真实情况是这样的——

天空飘来五个字：脸大伤不起。

望客旗舰店的 Slogan 是“望到不同”，果然是急人所急。本人当即下定决心购买一副特大号墨镜，让我的脸望起来与众不同，想想还是有点儿小兴奋呐！广告里的冰爽体验看起来也不错，感觉应该是蓝莓味儿的吧！不管你信不信蓝色看起来会显得冰爽一点，反正我是信了。但是“顺丰包邮价：￥139”，放在那里真的没关系吗？

↑图 1–14　望客旗舰店 Slogan

↑图 1–15　望客旗舰店炫彩偏光系列产品广告

↑图 1-16　望客旗舰店炫彩系列产品广告

我也不太了解为什么蛤蟆镜广告需要用“逆袭时代”这样的字眼，屌丝才要逆袭，每年通过 Ray-Ban Style（Ray-Ban，著名太阳镜品牌雷朋，Ray-Ban Style 指雷朋风格）墨镜散发高富帅气质的男性足够环绕地球两圈，果断是爆款好吗？

作为一个高中理科大学文科男，本人表示无法理解成功和复古眼镜之间的联系，也不懂“成功人士喜欢戴复古眼镜”和“要成功先戴复古眼镜”是“神马”意思。如果文案是说，戴复古眼镜意味着生活沉淀，而我们要先学会沉淀生活然后再走向成功，那么也不是不可以。但是我买个眼镜又不是为了励志，我是要戴得萌萌哒！

↓图 1-17　望客旗舰店复古系列产品广告

就在我截取广告图的时候，万万没想到，天空又飘来五个字：脸小真好啊。

↑图 1–18　望客旗舰店炫彩偏光系列产品广告

在这个看颜的世界里，我们还能愉快地生活吗，戴得萌萌哒就那么难吗？

在这样抱怨并疯狂滚动鼠标、敲击键盘后，我发现了一个重要的事实：望客旗舰店不只卖墨镜，还卖近视镜和老花镜！这一发现让我突然明白了另外一件一直困扰我的事情，那就是，上面那些图片里的字，你都能看清吗？字和图片水乳交融成这样还真让人感觉羞羞的呢！

最后要说的是，之前已经写过，望客旗舰店的 Slogan 是“望到不同”。展示了那么多文案与图片，你有在望客眼镜身上“望到不同”吗？所以，我觉得应该是这样的——

七嘴八舌，脑洞大开

joylead：我选择用我喜欢的颜色，望这个世界。

彭旭：不在视野内，却真实存在，生活的真相，远比看到的丰富。我是望客，不只看表面。

小欣思密哒：即使你戴了眼镜，我依然可以真切感受到你的眼睛在笑。

Jane 张小懵：我的世界有两面——望客里面，望客外面。

蔡子晨：你要你的五彩斑斓，我有我的格调非凡。时光荏苒，铅华洗尽；风云变幻，初心依然。望客，懂你的坚守。一路随你，纵览人生风流！

↑图 1–19　望客旗舰店产品包装解决方案

怎么样，是不是萌萌哒？

评选你心中的最佳品牌建设方案

Maud

总体来说，望客旗舰店做得不错，但依旧有可以细化的可能。试举两例：

首先，望客旗舰店的用户体验与场景选择版块设计得很好，但点进该版块之后，页面多为文字展示，缺少实境感。日本一家线上服装品牌对自己的服装进行精心搭配后，以模特试穿的形式，将创意搭配的过程做成了一系列动图，效果非常好，建议借鉴。

其次，本人未看到与“在路上”理念相契合的点，既然望客旗舰店强调这一点，为什么不在二者之间建立更好的联系呢？

苦马君

用“至尊潮品”、“集万千之宠爱”这样的词真的好吗？我只是想买一副太阳镜，没有想过要把范爷（范冰冰）带回家啊。

据说店里有墨镜、近视镜、老花镜，我想给老爹置办一副老花镜，可是入口却一定要通过客服才找得到。

页面排布不求多么新颖，但是基本的分类功能要清晰再清晰。这边是本周新品，往下看看还是本周新品，心塞……

滚烫的白菜

几点建议：

首先，建议根据功能，将产品划分并包装成系列，如经典系列、炫彩系列、酷我系列、风雅系列等，借此展示望客旗舰店产品线的丰富、专业。

其次，画面调性不统一，由此会造成视觉混乱、没有重点，建议画面尽量用单色，画面元素避免过多。

再次，建议图文一体传达产品信息，因此图与文还是要协调一致。虽然是写给屌丝年轻人看的，也请注意文字的表达，逆袭和无节操会拉低产品品质感。文案示意：

炫彩系列——化身哥伦布，发现新大陆。

经典系列——潮流来来往往，我自卓然优越。

酷我系列——放肆青春好时光。

最后，也可以根据一年四季或眼镜佩戴的场合，讲述品牌故事，做推广专题。网页广告要简洁、高效地传达信息，建议参考奢侈品的设计感，将产品传达出高贵不贵的感觉。毕竟，在网上买太阳镜的多是追求时尚，又有文艺和屌丝混合气质的年轻人，满足一下他们追求高贵不贵的购物心态吧。

望春风

望客旗舰店经营的品类以太阳镜为主，近视镜为辅。对于该店的品牌建设，我个人给出如下建议：

首先，请保持店铺风格统一：优化违和感爆棚的右侧灰度图片；从首页 Banner 剥除掉近视镜。

其次，在强调造型的同时，文案要突出材质，向受众强化望客旗舰店板材眼镜大师这一定位，塑造价值支撑点。此外，将Slogan改为“有型视界，望到不同”。

蔡子晨

针对拉轰（拉风）一族，可以来一张烈日下的摩托男和妹纸（妹子）图，配合如下文案：这一刻，骄阳似火，止不住激情燃烧，就现在，来，心爱的姑娘，随我纵情驰骋，感受这夏日的浓情斑斓！

经望客旗舰店非常负责任地遴选，最佳品牌建设方案来自：
@滚烫的白菜！

雾霾真真是“极好的”：乐淘水旗舰店价格定位攻略

今日需求：同一家店铺的两款商品，价格相差 5166 倍，怎么破？

使用场景：乐淘水旗舰店

在十面“霾”伏的环境中，空气净化器和口罩都火了。正所谓富人靠科技，屌丝靠变异，有钱人买净化器，没钱的就呼吸有毒空气。本人没法让大家都呼吸上新鲜空气，但还是希望大家去买些口罩，在 PM2.5 值大于 100 之时戴着出门。

言归正传。空气净化器单价较高，想来应该是逼格较高的产品。然而，一打开乐淘水旗舰店的页面，我看到的却是这样的画面——

↑图 1–20 乐淘水旗舰店首页 Banner

说好的品质感呢？

接下来又是红黄配，同样是红和黄，麦当劳为什么就很洋气呢？可是乐淘水旗舰店的红和黄为什么是这样的感觉……

在视觉感受方面，类似的槽点还有很多，我就不一一列举了。就说说，在美工实力一般的情况下，设计的几条原则吧。

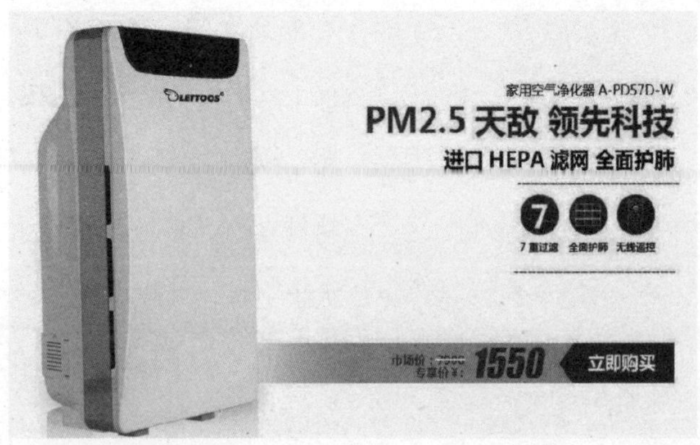

↑图 1–21 乐淘水旗舰店立凫空气净化器产品图

首先，画面简洁，能多简洁就多简洁。简洁包括：图片纯粹，哪怕直接用纯白背景也没有问题；字体清爽，不要选一些花里胡哨、不易辨认的字体；字少而突出，有层次，能精简就精简。

其次，图大字小。另外，图片里的元素要尽量抓眼球，但也要保持和产品的关联性。

再次，浅底好于深底。对于电商而言，喜欢用深底的平庸美工，可能是个灾难。

最后，千万别用中国风。喜欢用中国风的平庸美工，可能也是个灾难。

当然，以上原则仅适用于平庸的美工，对优秀的设计师来说，他们无论怎么设计都是好的。

再看一下店里的产品，最贵的是 1550 元，最便宜的是 0.3 元，最低值与最高值相差 5166 倍——这简直是穿越时空的爱恋啊。那么，这家店的定位到底是高端还是低端？无人知晓。

一般来说，一个品牌要明确自己的定位，无论是高端还是低端，都要将自己产品的价格控制在一个合理的空间内。价格相差很大的，通常是主产品中的附属产品，且主产品与附属产品之间关联度很高。就比如，小米手机卖 2000 元，小米手机壳只卖 40 元，但手机壳是离不了手机的。而乐淘水旗舰店呢？大家买了空气净化器，会顺带买一个淋浴喷头？

吐槽到此为止。

乐淘水旗舰店想为自己的拳头产品立兔空气净化器来一个口号，要求强大、朗朗上口。对于功能型产品，如果只从功能出发写 Slogan，通常不会产生强大的记忆点。而将定位上升到一种生活态度，逼格更高，品牌的记忆度也会加深。

既然主要功能是净化空气、去除雾霾，那就从雾霾和呼吸入手吧：

少霾怨，多幸福（埋怨是非常不好的一种状态，谐音，一语双关）。

重口呼吸小清新（重口味和小清新也能融合得很好，走另类的路子）。

七嘴八舌，脑洞大开

万能的小丫：把吸进去的颗"立""兔"出来！

曾嘉：1. 深呼吸，心与自然游走在同一频道。2. 安心扔掉口罩，你的笑容最美。

艺术家：让呼吸更智能。

苏李谊谊：1. 立兔，在乎你的每一个呼吸。2. 立兔，给中国人争气！

Treeing：立兔，你身边的呼吸专家。

花开若相惜：1. 立兔，守护您和孩子的每一刻。2. 立兔，把森林搬回家。3. 去海南？去拉萨？立兔一步，纯净到家。

ling314：立兔，滤您所虑，给您和家人清呼吸。

评选你心中的最佳品牌建设方案

何小毛

来几条文案吧。

"需要森呼吸？立兔最懂你！"写完这条，我觉得自己在写卫生巾广告。

"动如脱兔，一分钟冲出十面霾（埋）伏。"我感觉这条中规中矩，没什么亮点。

其实我还想说:“吕布有赤兔，劳资(老子)有立兔。”

“生活需要 Wi-Fi，生命需要立兔。”好严重，不能直视！其实我想表达的是，立兔就像无线路由器似的，平时不关注它，没了才发现活不下去了。

“立兔，舒适只在呼吸间。”本人表示，终于有个正常的了，品牌君你还开心吗?

月半土敦儿

乐淘水旗舰店主营空气净化器和净水器，其产品价格也与飞利浦、松下等国际知名品牌相差无几。价格差不多、功能相似的情况下，消费者在选择时，为何不选择销量遥遥领先、质量有保证的知名品牌，而要选择一个名不见经传的国产品牌呢?

或许，乐淘水旗舰店可以试着向消费者传达以下两点信息：首先，现在国内空气净化器和净水器研发能力很强，绝不落后于其他国家；其次，乐淘水是国产品牌，同等价格的产品，乐淘水绝对投入了更多人力、物力、财力去保证产品质量，乐淘水无疑是同类产品中的最优者。总之，打开销量的第一步，就是要让普通消费者只要一听到空气净化器和家用净水器，就立刻想到乐淘水。

PiKaChu

乐淘水旗舰店的产品不多，但是产品主图的背景颜色却有蓝、红、黄、绿等，其中的蓝色还分为深蓝、天蓝、靛蓝等，五花八门一大片，实在与高端大气上档次相差甚远。纵观天猫飞利浦官方旗舰店，所有产品遥遥立在白色背景中，给人以庄严、肃穆、值得信赖之感。总之，“给颜色做减法”的搭配守则适用于一切领域。

乔尼·托巴

国内的茫茫雾霾天招来的吐槽声一直没有断过，根本停不下来！一些人在这时候往往会向有毒空气说不，选择买台空气净化器来安慰自己受伤的心灵。可是一打开乐淘水旗舰店的首页，我看不出一丝与高端沾边的气质：高挂着的大红灯笼、喜庆的红鞭炮，还有两只不明画风的小羊……恐怕再强的购物欲也会被生生地扼杀了吧。作为一家空气净化器专卖店，做好产品定位应该是最基本的操守。王婆自夸式的宣传已经过时了，用直白的口号对消费者进行“轰炸”只会吓跑他们，简洁独特的出场方式才是凸显高逼格的不二法门。想让消费者选择你的净化器，首先你得“净化”他们的眼睛。

经乐淘水旗舰店非常负责任地遴选，最佳品牌建设方案来自：

@乔尼·托巴！

文案撰写：

“洗脑”的最强法门

论前戏的重要性：郁彼母婴文案如何最大化产品价值

今日需求：要使文案更突出产品优点，怎么破？

使用场景：郁彼母婴旗舰店

主打孕妇系女装的郁彼母婴旗舰店产品线非常全面，几乎无死角，除了其主打的下装，哺乳服之类的东东（东西）同样是热爱淘宝的孕妇们的必败单品。此外，多元的面料和简约的设计，也让产品力无可指摘。

接下来，我们再看看郁彼母婴旗舰店在图文设计上的竞争力吧。如何搞定一个孕妇，让她心甘情愿地来买你的衣服，文案和美术是尤为重要的。

整体风格感觉很舒服，设计上用的也是巧劲儿，“我们重新定义您的裤子”指明了孕妇们可以期待的爆款。不过，郁彼母婴旗舰店上面那行“您专属的孕妇裤顾问”

为什么是繁体？是嫌一句 Slogan 太孤单，还是觉得繁体字逼格高？请给自己雇来的美工一点信心，不要轻易用繁体字破坏视觉上的平衡，答应我好吗？

话说回来，显然郁彼母婴旗舰店还是了解他们的目标消费者的，简约的风格在店铺中的大部分展示空间里都得到了延续，即便有些地方的设计略显刻意，一些经常会被文案摇滚帮吐槽的点，相比其他店铺来说可谓凤毛麟角。

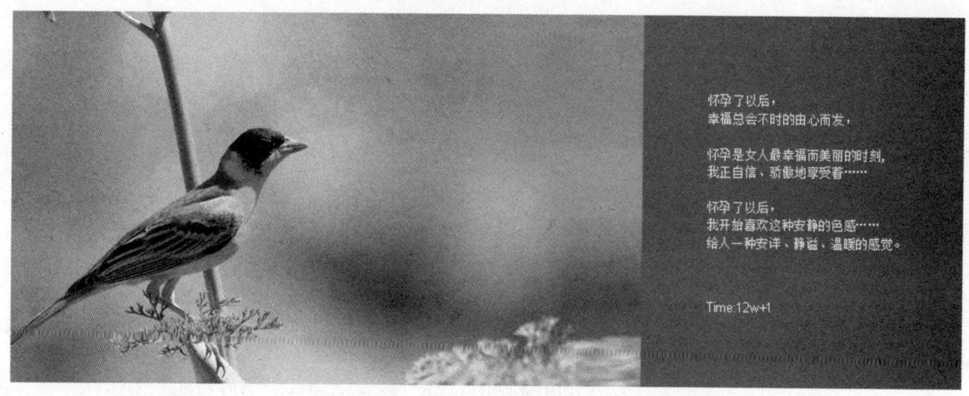

↑图 2–1　郁彼母婴旗舰店广告

最后的落款“Time：12w+1”使用的是孕妇专用的话术（孕 12 周零 1 天），有画龙点睛的作用。让人略感忧桑（忧伤）的是文案的字体，抛开颜色不论，用宋体也太应付了事了吧？

无论如何，郁彼母婴旗舰店至少是一家让潜在消费者感到舒适的店铺，而“舒适”，恰恰是孕妇们相当敏感也相当看重的一件事。“前戏”如果做足了，发生购买行为的可能性会提高很多。虽然除了少数技术女，大部分孕妇无法准确判断不同服装对自身健康的好与坏，但她们仍然倾向于将眼中所见的“舒适”与“健康”、“安全”等技术性的词语画等号。

既然槽点不多，就让我们来为郁彼母婴旗舰店添一把柴，看看能否塑造更加舒适的品牌形象吧。

↑图 2-2　郁彼母婴旗舰店的打底裤 / 袜广告

这则打底裤的文案，颇有些为赋新词强说愁的感觉，不如这样改——

舒适，是一件简单的事。

优质的舒适，对郁彼来说是分内之事。

七嘴八舌，脑洞大开

林 Yeah!：优雅是一种天性。在最美的时刻，遇见最好的自己。郁彼时刻，孕装之雅。

化繁为简，静水流深，

做一个舒适的准妈妈。

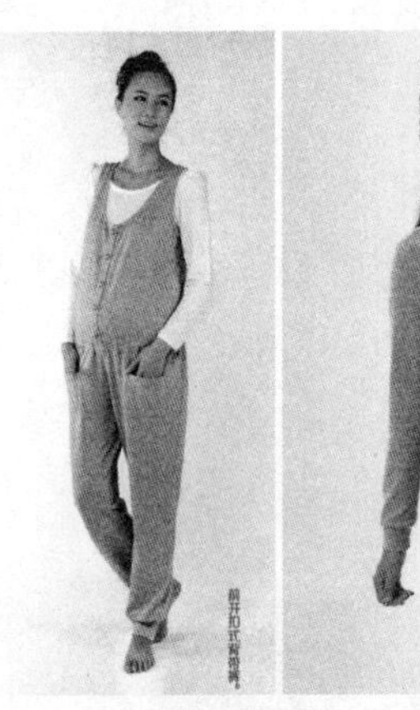

↑图 2-3　郁彼母婴旗舰店的背带裤广告

Sylvia：从容，是源自内心的温暖。伴随，就要从新生开始。等待不长，十月而已。郁彼和准妈妈一起，优雅绽放。

望春风：双罗纹面料，搭宝宝的摇篮。拼接式设计，喜悦孕育时光。专属可调节带，摸准幸福长大的节奏，给宝宝更好空间。高腰托腹，给孕妈妈撑起宝宝的力量！

苏李谊谊：有一种情感，叫作母爱，朴实而坚定；有一种美，只属于准妈妈，自然而伟大。郁彼，实实在在的舒适呵护，还原世间最美的曲线。

冯佩斐：分明心里活着的，还是那个穿白T恤和牛仔背带裤的少女，却是真真切切地要迎接母亲的身份了。穿上郁彼孕期背带裤，舒缓身体压力的同时，也舒缓你怀念那个少女的心情吧。

滚烫的白菜：1. 上帝一定是嫉妒我过分甜蜜的心情，给我以漫长等待。秒秒分分，时间还是过得太慢。幸好还有郁彼，陪我以最优雅的姿态！ 2. 37℃，炎热教唆着躁动，空气中浮动的不安分，明了明了。但这不足以影响我，妥帖、恬适、安雅、静心畅意……就像郁彼温柔的对待，相逢心中的圆月净湖。

秀清：1. 宝贝，我是妈妈。你知道吗？对你最大的保护，就是每天穿着郁彼。2. 穿了 = 没穿，别闹了，郁彼是正经的母婴店。3. 郁彼——有了你，就有了彼此。

郁彼母婴旗舰店对这则背带裤的处理方法也有点牵强，“得天独厚，独一无二”，这样的话说出来，没理清思路的同学还以为郁彼是在做房地产呢。而对背带裤，可以适当地强调功能，告诉她们为什么要使用背带裤，背带裤的好处是什么，等等。

不如这样改——

妊娠是一段张弛有道的过程。

在此之前，给身体减减压。

所有的变化更替都应该缓缓进行。

太急，会没有故事。

评选你心中的最佳品牌建设方案

蔚蓝

一直认为，商品的描述文字应该简单直白：首先，说出商品是什么；其次，商品有什么样的特点或者卖点；再次，用了这款商品有什么样的好处。第一点和第二点陈述得简单直白就好，因为网上的同类信息太多，没有买家会愿意再去琢磨字词里面蕴含什么样的寓意。最后一点倒是可以走含蓄和文艺的路子。或可模仿无印良品：郁彼打底裤，使用亲和肌肤的莫代尔面料，更加舒适，更加透气。穿上贴身但不紧绷，弯腰、下蹲、行走，做回一个舒适的准妈妈。

cicy

作为一枚不久前的孕妇及伪文艺IT（Information Technology，信息技术）女，本人深感，郁彼母婴绝对是孕妇品牌中的文艺派啊，而且通体浏览店铺后，舒适感油然而生，有种想贴身体验的欲望。

但是，重点来了：郁彼母婴旗舰店的产品好像少了点孕妇依然在意的美丽和时尚！我曾有件韩国代购的孕妇装，我在产后依然还将它挂在衣柜里，穿也可，纪念亦美。希望郁彼母婴旗舰店的产品也能够做到这一点，让孕妇舒适并美丽地享受一生中最独一无二的时光。

此外，可以在提高商品品质的基础上对文案进行精雕细琢，同时注意挑选适当的宣传渠道——通过文案摇滚帮这样文艺范的新媒体就不错。

海金

关于文案，为什么所有的文案都仅面对孕妇？为什么不能是丈夫写给妻子的？为什么不能是妈妈对孩子的诉说？

猫七

首页第一屏是消费者进店关注的重点，进入郁彼母婴旗舰店，我的注意力便停留在首页第一屏那一行字和那个怎么看都不像孕妇的模特身上。

“指定商品加 9.9 元可参加超值换购”一句中，所谓“指定商品”是哪些商品呢？是否可以在这里放个链接，让买家可以通过点击跳转到所谓指定商品的页面？再看接下来的文案，“仰望轻奢华，优雅穿上身”一句。亲爱的郁彼母婴旗舰店运营，孕妇难道真的可以因为一条裤子优雅起来？你真的觉得，对于一个孕妇而言，优雅是最重要的吗？我身边的孕妇，一看裤子是否舒服，是否会勒得肚子里的宝宝不舒服，二看裤子穿脱是否方便，至于优雅和好看，已经不那么重要。

再看模特图。不知郁彼母婴旗舰店是否考虑过孕妇心里可能产生的疑惑：这样看起来略显紧绷的裤子，真的适合怀着宝宝的人穿吗？此外，全新夏季热卖单品中的那一排图片，看起来跟普通的女裤相差无异，怎么能够吸引孕妇的关注和点击？

针对以上，我提出以下建议：首先，首页第一屏突出卖点，如果要表现活动，也请把活动表现得详细些；其次，用幸福价来替换惊喜价，突出市场价和幸福价的对比，吸引点击。

秀清

个人也很喜欢"Time：*12w+1*"这样的表述，可郁彼母婴旗舰店为什么不尝试延伸，将其用在店里的分类导航中？毕竟孕妇跟宝宝在每一个阶段都值得关爱。郁彼母婴旗舰店可以根据孕妇和宝宝的每个阶段挑选合适的服装。经过这样的调整，整个店的专业感必将倍增。

经郁彼母婴旗舰店非常负责任地遴选，最佳品牌建设方案来自：
@秀清，别忘了还有@猫七！

不要放弃治疗：食尚达人文案优化策略

今日需求：面对一塌糊涂的产品推介文案，怎么破？

使用场景：食尚达人旗舰店

我是在历史浏览记录里搜到“食尚达人”这家店的，毕竟，这个“碉堡了”的名字实在无法留存在我的记忆里。就冲下图那个红底白字的商标，食不食尚我不知道，但是时不时尚我是知道的。即使“摩擦，摩擦，是魔鬼的步伐”，但接地气接到了泥土里，还真是走不动呀。

↓图 2-4　食尚达人旗舰店 *Banner*

虽然店铺的模特长得

神似S.H.E（S.H.E，台湾女子偶像团体）中的Selina（任家萱），但是她头顶诡异的红色光线却让人无法适从。如果再打个蓝光，戴副眼镜就可以看3D（三维）了，好像也不错。

文案也是通篇的平铺直叙——虽然一直都在强调"健康美丽的零食"概念，但王婆卖瓜的手法未免平淡无奇。再结合突兀的产品图片，本人表示实在无法将食尚达人与时尚联系起来。另外，店铺里所有的"优惠价"三个字都被写成繁体，除了其他文案中"来自台湾的蔬果干"、"台湾真空脱水技术"之外，繁体字带给我的台湾感更强烈。

吹毛求疵一下，这位写成"日式风和"的朋友还

↑图2-5　食尚达人旗舰店广告图①

要不要拿工资了，我们认真点好吗？难道是中《搞笑漫画日和》（日本漫画）的毒太深？

我是特别爱吃这种干果的，虽然入口生硬，但只要唾液与之相触，细细把玩之下，竟然变得柔软温润，特别有撒了神仙玉露使枯木逢春的成就感，大致的感觉是这样的。

↓图 2-6　食尚达人旗舰店广告图②

七嘴八舌，脑洞大开

Mr.X：食尚达人，达人的时尚。

观锦：好吃，只是最简单的需求。

小光 Q：大自然赋予它们新鲜，我们呈现它们的纯脆。

奔跑的蚂蚱：食尚达人，你不能错过的唇齿高潮体验！

张小懵：1. 脱掉水分，我是营养干货。2. 不要添油加色，要的就是天生的干脆。3. 不要总是图外表新鲜，真正好的，要舌头和身体喜欢。

严晓龙：干果，有时就像爱情。新鲜的保质期太短，只有经历过坎坷的，才更芳香浓郁。我不只是爱情专家，更是食尚达人。

呆小喵喵喵喵喵喵：总有一天，你会记得我的好。在你加班的无数个夜晚，只有我陪着你。在你孤独换频道的周末，也只有我陪着你。你常常忘记我的存在，我却无法抹去你的一切。我是你的暖男，这些年我陪你从 20 到 30。

↑图 2-7　食尚达人旗舰店产品包装解决方案①

↑图 2-8　食尚达人旗舰店产品包装解决方案②

相比充满水分、长得好看的小鲜果，干果干瘪得就像个糟老头子，就是那种脸上皱纹深刻、经历丰富、内心澎湃、笑眯眯招呼爱零食的小姑娘再靠近一点点就让你牵手的老头子。所以我觉得，我们可以把一切推倒重建，忘掉食尚达人。

评选你心中的最佳品牌建设方案

空空

果蔬干的目标消费者 80% 都是姑娘——别问我剩下那 20% 是什么——所以无论如何，配图小清新、绚丽、柔光都搞起来！

他夏了夏天

从店铺名称到品牌 Logo（商标），再到整体画风，我完全看不出这家食尚达人旗舰店与其他销量惊人的“神马都有”零食杂货铺有何区别。仔细一看才发现，原来它主打的是果蔬干，产品理念是：打造健康美丽的零食。

既然标榜了健康美丽，目标人群明显是广大女性同胞。那么姑娘们在买零食的时候看重什么呢？在这个全民皆颜控的时代，这个问题简直太Low（低级）了。可食尚达人旗舰店仿佛并没有注意到这个问题，它在产品包装上好像太有自信，不顾市场潮流，依然在接足地气的道路上大踏步越走越远。

我认为，既然瞄准了女性市场，何不在产品的“颜”上再下点功夫呢？拿日式和风果蔬干来说，既然取了这个名字，就要对它的包装负责，加点和风元素，放张日式小卡片，应该远比一堆果蔬排排坐的塑料罐更能获得姑娘们的芳心吧。

一纸荒年

作为主打健康果蔬干的零食店，食尚达人旗舰店的产品种类较少，但我觉得，尽管如此，食尚达人旗舰店在产品分类上也还是有文章可做的。健康美丽的概念只靠喊口号的方式宣传并不能深入人心，还需要具体细化。所以在对产品进行分类时，食尚达人旗舰店不能将自己的产品简单地分为蔬菜、水果、花草茶，还可以根据健康效用来分，比如哪些可以促进排毒、哪些可养颜嫩肤等，这样也能给消费者带来更丰富的产品体验。

阿阿阿阿丁

对于果蔬干类的小零食，我其实更看重的是一些能打动我的小细节。很多目前较为成功的品牌都有这个共性，在细节方面追求完美，对于食尚达人旗舰店来说，这方面无疑亟待提升。它需要的可能是带有品牌 Logo 的小礼物、更能获得消费者"芳心"的包装。

此外，既然食尚达人旗舰店主打健康零食的概念，为消费者展示"看得见"的健康就必不可少，优质产地、可追溯源头、可控的加工过程，等等，都可以为产品加分。

清歌

看到食尚达人旗舰店，我想到了电商零食界最著名的品牌"三只松鼠"。茫茫淘宝，为何三只松鼠能突出重围？其营销模式恐怕有不少值得借鉴之处。

首先，三只松鼠用松鼠的卡通形象做品牌 Logo，蠢萌蠢萌感油然而生，食尚达人旗舰店也完全可以照葫芦画瓢，设计自己的卡通形象，或许会产生意想不到的效果。

其次，三只松鼠有很多的产品，但碧根果绝对是其永远的明星产品，它使这样的观念成功在消费者心中扎根——碧根果 = 三只松鼠，三只松鼠 = 碧根果。也可以说，三只松鼠借着这几年碧根果的新兴宣传自己，这就涉及了一个“大单品”的概念。纵观果蔬干领域，其实并没有产生消费者能脱口而出的品牌，食尚达人旗舰店完全可以打造爆款单品，率先抢占这个市场。

最后，三只松鼠会时不时在自己的包裹里加上一些小礼物，无非也就是果壳盒、小夹子、小卡片，这样的小礼物很多店铺都在送，但三只松鼠正是凭借这样的小礼物优化了消费者的购物体验和食用体验。

经食尚达人旗舰店非常负责任地遴选，最佳品牌建设方案来自：@清歌！

说走咱就走：柏朴男装的营销文案该怎么写

今日需求：营销文案有 *Bug*，怎么破？

使用场景：*borpu* 柏朴旗舰店

相信很多男性朋友在购买"男人装"的时候，都会遇到类似这样的问题：顶着"西方古典与东方之美水乳交融，诠释优雅生活的真谛，彰显绅士非凡魅力，散发贵族浓郁气息"的耀眼光环，出现的却是99元两件的纯白*T*恤；"极致考究的完美细节，精雕细琢的匠心工艺"也必须是标配，前一秒尚在鼓吹经典复古，下一句脱口而出的便是时尚前卫了……这些浮华虚誉和逼格飘忽的辞藻文案正不遗余力地挑逗"成功男士"这一永恒的营销"G点"[1]，俨然又是一副房地产广告的德性。

[1] G点：本文中的"G点"应该是"高度敏感区"之意。——编者注

另外一个现象是，轻奢成为了近年的高频词汇，是介于快消与奢侈之间的新生概念。鉴于逆天的市场差价、拷贝能力以及“农业重金属”口味，奢侈品已然化为了“土豪金”与烂大街的矛盾结合体。轻奢由此顺势成为了拯救奢侈品与高逼格的乐土——嗯，我有轻奢我自豪。

没错，下面向大家走来的正是轻奢服饰品牌柏朴男装。店铺页面打开伊始，便可感受到原创设计品牌在网页设计上的用心（体育老师终于可以放心去教数学了）。同时，在首页的配色节奏和疏密力度上，这个来自美国三藩市（旧金山）的品牌也是拿捏适当，避免了信息大爆炸式页面带来的视觉强迫性与违和感（妈妈再也不用担心我在首页“迷路”了）。

↑图 *2-9* *borpu* 柏朴旗舰店“一季一国”营销活动页面

植根于多元文化杂合的海港城市，柏朴男装在营销上策划了"一季一国"互动体验项目，在异域风情中探索灵感，进而传递设计理念，强化用户黏性。

其中，相比"夏·岛屿记"，首站"斯里兰卡"在展示上显得稚嫩很多，一脸QQ空间自言自语的节奏。你给我解释一下，在太阳底下去淋个毛雨啊，连用三个

↑图 2–10 *borpu* 柏朴旗舰店"一季一国"营销活动斯里兰卡站文案

"我去"还能再别扭一点吗？"去听，去跟人说话"又是什么奇怪的癖好啊？还有这组生硬到硌牙的中式双语对白是个什么情况，醒一醒啊柏朴男装。

↑图 2–11 borpu 柏朴旗舰店“美女私人顾问”营销活动页面①

平复一下心情，一起迎接第二个营销策略。“美女私人顾问”，矮油，本人终于看到了故事的主线，白骨精（白领、骨干、精英的缩写）、土豪、高富帅、闷骚男，还真是有点难以取舍啊。等一下，白骨精酱[1]，你说这句“从此摆脱土豪金困扰”，是在拒绝隔壁土豪

↑图 2–12 borpu 柏朴旗舰店“美女私人顾问”营销活动页面②

---

[1] 酱：接在人称代词后。来源于日语“ちやん”的谐音的网络用语。多用于称呼年轻女性、小孩、自己家人或关系亲近的人。——编者注

酱的告白吗？

就这样羞羞地点了进去，然后本人的脑海中就立刻浮现出一种“对不起，姑娘，我走错门了，马上就滚粗（滚出）”的画面感，原谅我实在无法直视。

除了上述细节问题之外，本人对柏朴男装品牌的Slogan——“Follow the Soul（随心灵去流浪）”也有一些想法。从个人角度而言，就如同穷游一样，“随心灵去流浪”或许更多像是一个牵涉三观的问题。姑且不论“跟心灵去旅行”的先入感，就算品牌创始人在浪游中完成了对设计理念的建构，类似于“在流浪中放逐心灵”这样苦行僧式的口号或许依旧很难引发共鸣——人生已经如此艰难了，又何必再去流浪？

↑图 2–13　*borpu* 柏朴旗舰店“随心灵去流浪”营销活动页面

同样起源于旅途，代金券级别的驴牌（Louis Vuitton）尽管在现实中——尤其在我国——已然与旅途渐行渐远，但却一直将“人生的旅程”作为诉求点，无外乎在生命的发现之旅中追逐物我合一，而这也正是我们执着于念的终极命题，可谓深度与逼格齐飞。反观流浪，虽然与旅途目标不二，却更像是挣扎于脏乱差的通俗形象，在自怨自艾中自我作死。一身轻奢，然后跑到无人小岛炒贝壳——这个画面真的一点都不美啊。装逼未果，Follow the Soul 反变 for Low the Soul（让灵魂变卑微）。

所以，在对“Follow the Soul”的诠释上，柏朴男装还需要进一步的凝练。在此，文案摇滚帮仅提供一些思路：在对品牌故事的理解中，或许可以从诗人的浪漫主义和自然情怀中提取。比如这样：从明天起，做一个随性的人。

标题可以天马行空、放浪形骸，但是内文还是需要洗净浮夸，就如同流浪一样，去贴近心声、回本溯源，直白点说，就是接地气、说人话啊。让我们来看看极简实用派的无印良品是怎么做的——

把背心、衬衫、毛衣穿在脚上，

以制衣剩余线纱织成残系袜，

织背心遗留的红色纱线，织衬衫剩余的蓝色纱线，织毛衣残余的绿色纱线……

这些，我们将之收集起来织成色彩丰富、舒爽好穿的

七嘴八舌，脑洞大开

Tony 涛：站立在城市巅峰，满目金迷纸醉，却又如荒原冷漠。我穿行于城市丛林之间，不屑张扬，却携我风。

彭旭：1、外表光鲜，做给谁看，活得漂亮，才最自豪。2、爱自己，放飞心灵，自由自在。做自己，挖出梦想，活出敢性。3、生活没节操，岂能随波逐流。人生无彩排，情愿自导自演。

袜子，

每一种颜色的组合都是独一无二，把环保美意落实成实用美学。

纯棉纱线让袜子更强韧、不易变形，

这款舒爽坚韧的残系袜，

只是无印良品坚持“所有设计与机能，都要对生活表达善意”的证明之一。

评选你心中的最佳品牌建设方案

瘦皮球

高客单价从何而来？从文案，从搭配销售，从CRM（客户关系管理）或其他？虽然以上通通很重要，但我认为，更重要的是价值营销。价值营销为什么重要？因为价值决定价格，而价格直接影响客单价。

在男装淘品牌中，价值营销具体表现为：VIISHOW之于西班牙潮牌、collegehome之于英伦风、花笙记之于新唐装……当你找到一个清晰、可无限放大和拓展的点，并有效执行的时候，账面上的数字自然就开始好看了。

回来看看borpu柏朴旗舰店，虽倡导“随心灵去流浪”，却无法在画面、文案等方面让消费者产生价值共呜，着实是可惜了这些个洋模。

那么，怎样有效实践“随心灵去流浪”呢？

我们要明确谁会“随心灵去流浪”，谁会欣赏柏朴男装，他们的日常爱好又是什么？当然，后台的顾客统计数据和调研会给出答案的，这里不再赘述。

borpu柏朴旗舰店需要做的，是在完成调研和分析之后，树立消费符号，并建立粉丝社群。在消费符号的联想方面，我的第一反应是切·格瓦拉，中产、流浪、自由、奔放……borpu柏朴旗舰店主张的一切已在他身上完美诠释，他就是柏朴精神的化身啊！配上那部经典的《摩托日记》，画面既视感油然而生了有木有！什么？文案？如果borpu柏朴旗舰店实在想不到有什么能配上如此逼格的文字，那不如就让画面去冲击顾客的内心吧。

至于粉丝社群，其重要性更是不言而喻。在互联网时代，人和人都是以价值观的认同为基础结成社群而存在的，既然要“流浪”，那就让意见领袖带着大家一起流浪吧。因此，赞助类似“行走40国”之类微博红人的外景服装怎样？通过话题，引起讨论，再进行社群拓展经营，口碑营销，培养消费“死忠”，继而拉动消费。关于这部分内容的更多玩法，也许尼古拉斯·克里斯塔基斯的那本《大连接》能给borpu柏朴旗舰店带来更多启发，一并推荐。

最后，一个根本性的问题不得不谈：请做好你的产品，因为只有真正高性价比的产品，才能真正享受高客单价带来的福利。如果你已经做到，请精益求精；如果你一直在精益求精，请在详情页中用更加实在的话去描述。谢谢。

腹黑小天真

borpu 柏朴旗舰店或者可以做一个"季节 + 心灵"的主题——

春天充满活力，必是要"让心苏醒"；

夏天如此浮躁，当然要"宁静尔心"；

秋天天高云淡，"随心淡泊"再适合不过了；

冬天严寒，妥妥的"温暖人心"。

此外，我想"柏朴"这么原生态的名字，其产品材质自然也是原生态的。因此，文案可以强调衣服的质感，一针一线都像大自然母亲亲手编织的一般——哪怕在人世浮沉，也勿忘这一切都源于自然的馈赠。

Mr.X

borpu 柏朴旗舰店在店铺整体的运营上，显得有一些过于文艺，说难听点，这就叫过于装逼。

举例来讲，"随心灵去流浪"这种听起来很鸡汤，读出来很做作的Slogan，恐怕并不适合当前这个崇尚快速消费的时代。相对来讲，人们更容易接受那些偏向简约舒适或是潮流格调的服装品牌，想想快时尚的代表优衣库和ZARA就知道了。

因此，我建议borpu柏朴旗舰店在整体格调上要更贴近生活一些。

至于价格，将所有产品的价格控制在某一区间内，恐怕更有利于定位目标消费者。此外，不建议定价过低，现在的人多会有“好货不便宜”的主观印象，所以定价偏高反倒有利于塑造品牌形象。

文案方面，建议突出舒适生活及简约气息。例如：不同的城市，不同的味道；不同的衣着，不同的生活。

_多啦A梦

我个人认为，borpu柏朴旗舰店之所以会选择“随心灵去流浪”这个品牌Slogan，正是为了要提升整个店铺的格调。然而，亲，你确定凭这句话就可以提升格调?

此外，borpu柏朴旗舰店似乎在宣扬一种自由、嬉皮、雅痞的潮流文化，但borpu柏朴旗舰店店内的服装，也就只是普普通通而已。亲，你确定这样的产品可以凸显你的企业文化?

现代社会，几乎所有人都越来越注重外在的装饰，当然也包括男人。所以一家合眼缘的男装店，真的能够吸引男人们的光顾。因此，我个人觉得，Slogan 倒在其次，产品一定要突出企业文化，形成自己的风格，那么就自然能够吸引同样崇尚自由、嬉皮和雅痞文化的人来购买。最后，就需要在模特演绎和拍摄上多下点儿功夫了。拜托，千万记得请一个帅一点的模特。

经 borpu 柏朴旗舰店非常负责任地遴选，最佳品牌建设方案来自：
又一次中选的 @ 瘦皮球以及 X 先生——@Mr.X！

内涵了：给“互联网第一咖啡品牌”来一发 Slogan

今日需求：给茶叶店里的咖啡品牌来一发 Slogan，怎么破？

使用场景：mrhu（胡先生的下午茶）旗舰店

今天让文案摇滚帮写的是曾经以回复差评名噪一时的胡公子。

这个曾经的广告人，因为爱茶，所以创业做茶叶。其实说他是广告人并不贴切，广告只是职业，抛开职业，他其实是一个文艺……中年。

有一次，胡公子对我说：“山牛，我最近在研究‘90后’的消费行为，快说说你的偶像，你觉得酷的偶像是什么样的。”

作为标准的“80后”，我想了半天说：“罗永浩。”

胡公子说：“啊，罗永浩啊，活着的不行，要死了的。"

想了半天也没想出来，我就默默飘过了。

过了几天，胡公子又跳出来问我："山牛，我最近在研究很酷的歌词，快帮我想几句。"

其实，当时我的内心独白是这样的："在你说出'酷'这个词的时候，你早就被时代远远抛到后面了。"

作为标准的"80后"，我想了半天说："突然好想你。"

胡公子说："你搞基[1]啊。"

作为一个文艺中年，胡公子竟然知道"基"这个词，说明腐文化[2]已经无孔不入了。这或者也说明了，胡公子就是这么一位时刻爱研究的不服老星人。

文艺中年很喜欢史蒂夫·乔布斯，2013年电影《乔布斯》首映的时候，他跑去撸[3]了一发电影《乔布斯》的版权，做了一款订制茶，还联合几个精英品牌一同上聚划算。

就是这样的一个文艺中年，现在已经在茶叶领域做得顺风顺水。但他还是觉得不满意，号称要做"互联网第一咖啡品牌"。

言归正传。有这样的文艺思想在背后，胡公子家

---

[1] 搞基："基佬"来源于粤语，是Gay（同性恋）的意思，故"搞基"指搞同性恋。不过，现在多指两个男性有过于亲昵的举止，词性也由贬义词成为中性词。——编者注

[2] 腐文化："腐"在这里的定义是"对男性之间超越友情的关系有一种特殊喜好"。腐文化就是与此相关的文化。——编者注

[3] 撸：网络用语。做什么事，去干什么的意思。——编者注

所有的产品设计和店铺设计都相当考究，弥漫着一股文艺味道。缺点是，我总觉得胡公子家换过美工——网店图片风格不一，质量略有点良莠不齐。

此外，胡公子还要思考的是，如何在文化和时尚之间取得平衡。

说回咖啡。在雀巢、麦斯威尔这些速溶咖啡洋品牌占据半壁江山之时，一个新起的咖啡品牌如何杀出重围？

胡公子的第一步走得非常不错。首先是低价策略，在现在的电商市场上，低价绝对是吸引眼球的一个通用方法。48 条咖啡只卖 35 元，还包邮！35 元，你买不了吃亏；35 元，你买不了上当……在均价一条 1.5 元的市场，胡公子这款速溶咖啡绝对是业界良心。

然而，低价是通用技巧，并不特别。真正高明的是，胡公子将 8 种不同口味的咖啡放在同一个包装里，售卖给客户。试想，你是个速溶咖啡用户，你当然不会满足于一种口味，而超市里一买就是 10 支以上，万一不好喝，试错成本还是有点高的。更何况很多人的梦想根本就是尝遍世界上所有的（速溶）咖啡，他们甚至不惜为此花费更高的价钱。mrhu 旗舰店就一并把具有这类心理（我猜为数不少）的消费者拉了过来。

咖啡天生就是带有小资情调的东西，所以千万不要强调多甜，提神功能多好，性价比多高。雀巢的“活出敢性”，麦斯威尔的“滴滴香浓，意犹未尽”，都是不错的口号。话说，从文案角度包装咖啡产品，在感性方向上做到世界第一的，便是鼎鼎大名的左岸咖啡了，本人忍不住在这里来一发。

逆天的标题们——"水杯与咖啡杯，距离五英寸"、"他从波兰来"、"喝完这杯咖啡"、"我就要变成别人了"、"嗜甜的越狱人"……

逆天的正文们——

我喜欢雨天，

雨天没有人，

整个巴黎都是我的。

这是五月的下雨天，

我在左岸咖啡馆。

意大利口音的两个男人点了两杯咖啡后，

便把视线对准咖啡馆的大门，

看着每一位进出的客人。

自从那位专盗 Egon Schiele（埃贡·席勒）作品的意大利盗贼第四次越狱成功后，

人们特别留意出现在身边的意大利人，

而我也不例外。

一刻过去了，

那两人已经饮了不少黑咖啡，

视线仍停在大门，

而众人也始终盯着他们。

又过了一刻，

才进门的男人夺走了所有人的目光，

倒不是他浓浓的意大利口音，

而是他点了一桌子的甜品。

“你被捕了。”喝黑咖啡的男人和同伴忽然卡在那个男人身后。

“但，不急，请慢慢享用。”

等他把满桌的甜品吃完并代他结账后，

两个人才押着他走出咖啡馆的大门。

经过一阵的静默，

大家议论纷纷：

“为什么专偷 Egon 的画？”

“画贼为什么爱吃甜品？”

“为什么画贼都是在同一家咖啡馆被逮进牢里？”

大家可以自行搜索“左岸咖啡文案”，慢慢看。

说这么多，给胡公子的云南小粒咖啡来几发广告语吧——往左岸咖啡的方向靠就对了。

倔强版——世界再大，只和你妥协。

文艺版——让幸福迷途知返；寻寻觅觅的幸福，其实就是泡杯咖啡这么简单。

节操版——约泡随性人生；随性点，且行且珍惜。

七嘴八舌，脑洞大开

Mr.X：每个咖啡豆都是一个香醇的梦想。

叶素帆：再来一杯咖啡，与未眠的人同行。

曾嘉：我不怕迷路，因为早已习惯你的香气。

白墨：会议上指点江山的是你；宴会上谈笑风生的是你；情场上运筹帷幄的是你……其实，这些都不是你。城市的夜幕已降临，品一杯咖啡，摘下面具，安然于真实自我的这一刻。胡公子咖啡，独享真我时刻。

Wendy：彩云之南，红土之上，122 年前法国传教士带来的礼物。

端：最醇不是香咖啡，而是和你一起旅行的柔软时光。

猫小鱼：1. 16g 身量，8 种性情咖啡。文艺之外的另一种随性浓淡相宜，简单相见，云南小粒咖啡。2. 玻璃水杯，请客串一次咖啡杯。咖啡勺，友情出演好戏开演。每天一场，共 8 场。她不挑剔杯子，不苛求水温，任由怎样都是好味道。云南小粒咖啡。

评选你心中的最佳品牌建设方案

我是颗石榴

这位胡先生是一位“文艺中年人”，曾经也以回复差评名噪一时。既然如此，胡先生为何不采取名人营销策略？比如说，胡先生自己便可以充当店铺的代言人，拍摄照片，并负责文案撰写的工作，让消费者从图文双方面感受出店铺的文艺气质。

此外，胡先生还可以在微博上制造一些可以和粉丝互动的话题（话说，本人在微博上掘地三尺也没找到胡先生啊），例如上传买家秀——虽不是服装，但咖啡无疑也具有一定的可拍性——评选出最美的买家秀并赠送大奖，等等。微信公众号也可以同时做起来，推送一些店铺活动、咖啡知识、云南风光，甚至是一些不那么令人讨厌的心灵鸡汤。

刘佳丞

整个店铺已经十分成熟，但要做“互联网第一咖啡品牌”似乎还差着那么一股劲儿。页面排布合理，但好像还缺了点儿美感。图片很丰富，但似乎还少了点儿趣味。文案语言挺美，但看过之后，好像也没记住。不如一边讲点儿小故事，一边卖卖咖啡，相信胡先生是有这个能耐的，他曾经不是以回复差评名噪一时吗？

做孙少平式的男人

看得出来，胡先生是用心的，*mrhu* 旗舰店里，有很多产品做得有特色，也成系列，已经成为了在网络上畅销的重点产品。但与之相比，店铺在装修方面就显得不太有特色。店铺里所有的产品都来自云南，又叫“胡先生的下午茶”，所以可将店铺装修得慵懒、小资，且具云南特色，再配合一些轻音乐，让人一打开网页，节奏就立刻慢下来。当然，过犹不及的道理人人都懂，过于文艺也会引起消费者的不适。

半步颠

mrhu 旗舰店主打云南特色产品，又喊出了“与青春有关的全部”这一口号，相信它的顾客群中一定不乏文艺小清新。虽然产品介绍中到处可见“云南特色”一类字样，但店铺的整体风格好像并未凸显半点云南气息。作为一众装逼文艺小清新的聚集地，云南的风土人情、自然景观必然是极有特色的，胡公子可在店铺设计上再多融入一些云南元素，这样也必将会为产

品注入更多魅力。

小刀那破轮

前阵子爆红网络、"轰炸"了众多网友朋友圈的某芝士奶茶，是不是真的最好喝我不知道，但它"最好喝奶茶"的噱头已经人人皆知了，这就是一个成功的营销案例。*mrhu* 旗舰店想将自己的云南小粒咖啡打造为"互联网第一咖啡品牌"，增加曝光率、提升关注度是必不可少的。这一方面可以借鉴别人的经验，不要把鸡蛋全放在店铺首页这一个筐里，微信公众号、微博首页也是极佳的宣传平台，多些咖啡小故事，多些云南文艺风情，相信会让一众小清新疯狂长草。

经 mrhu 旗舰店非常负责任地遴选，最佳品牌建设方案来自：@ 半步颠！

为了潮流，大家都是蛮拼的：七格格女装如何标新立异

今日需求：老电商也想要新潮的文案，怎么破？

使用场景：七格格女装旗下各个网店

七格格是个很老的电商品牌。曾经的短发模特，已经成为了淘宝青春的一个印记，现在换成了外国妹子，则显得欧美范十足。

我对七格格的记忆，除了短发美女，就是七格格举办的某次时尚趴（Party，聚会）了。当时，Hold 住姐（谢依霖）正当红，其一秒钟变格格的梗也正好跟七格格的品牌名挂得上钩，因此，七格格就邀请了 Hold 住姐来参加时尚趴。

时隔两三年，Hold 住姐摇身一变，变成了电影里的无脑女，装疯卖傻地在《小时代》这部号称时尚感十足的片子里演一个最不时尚的角色，而我也已对当时现

场看到的 Hold 住姐了无印象。

当时的现场是这样的：一个富二代模样的公子哥自我感觉良好地摇头晃脑，仿佛世间所有的妹子都能手到擒来；妹子们一个个浓妆艳抹，穿着裸露，也是一副老娘什么人没见过的神情；音响开到最大，震得人心脏难以承受，人跟人沟通基本只能靠吼。

一个自称酒吧市场经理的小哥过来做所谓的市场调研："你觉得这里怎样啊？"

我："啊？"

"我是这里的市场经理，调研一下，你觉得这里怎么样啊？"

我："吵死了。"

市场经理不死心："那你以后还会不会来我们酒吧？"

我："打死都不会再来了。"

市场经理："谢谢你的配合。"

那次，我真正体会到，什么是难以承受的生命之重，也是我第一次醒悟：原来我跟时尚是无缘的。

但现在再次回想起这件事，思考到底什么是时尚，又有了新的感悟。自我感觉良好的小哥就懂潮流？那些浓妆艳抹的姑娘就是时尚？在我有限的审美视野来看——喂，你的粉太厚了！

因此，时尚有时是一件很自我的事情，我不懂你

七嘴八舌，脑洞大开

奔跑的蚂蚱：七格格，Hold 住整个世界的潮流，就是要你 In（时尚的）。

阮婧雯好瘦啊：时尚是复古？是烈焰红唇？是黑白配？还是骷髅头？我没有方向也没有答案。但我穿什么，潮流就是什么。

本：当所有的表演都可以被质疑与模仿，当一切的设计都遭受跟随或围观，我只需忠实地表达。

张慧：在这里，灯光变得暗淡，主角失去魅力，演说者和歌唱家集体失声。唯我，才是焦点。我是格格，我在这里。

李强：做不一样的事，认识很酷的朋友，破洞牛仔，这是 16 岁的我。时光让所有的不屑都已经远去，长出铁锈，看不见，忘不了。现在，就现在，朝阳中一件格格装上路，我与那个桀骜的自己相遇，这就是最好的我，一直是潮流自当前。

猫七：我不愿从众，我要让你在人群中看到我的独特；我不屑媚俗，我要用鲜艳的色彩证明我生命的存在；我排斥束缚，我要把自由穿在身上，乘着风去寻我的梦，做我自己。我自是潮流。

李七少：潮流，源自追随，时尚的本质是满足个人想象，不适感能换来外表的鲜亮，却让你内心更加失去方向。不被左右的人生，我自是潮流。我是七格格。

的时尚，我也不需要你懂我的时尚，就是这种Feel（感觉）。七格格的Slogan就很有这种范儿：我自是潮流。

意思到位了，但个人觉得，语气还是太平淡，不够强势。七格格一直以潮牌自居，需要多一些霸道，甚至可以自创一个潮流体——

当人云亦云成为一种潮流，

当爱和美集体失声，

当存在的意义模糊不清，

当世界正在跟你叫板，

那又怎样?

我自新潮澎湃。

滚烫的白菜：1. 以时尚为矛，以先锋为盾，在欲望都市里冲锋陷阵！我爱生活，更爱自己。时尚就是我戒不掉的生活瘾！我是七格格，一起暴动，等你！ 2. 精致就是我的代言，优雅就是我的内涵。女人就该古怪精灵，妖精到底！霸占城市风景线，马上行动，我是七格格，我是行动派！你在哪里?

土豆：1. 在一切平庸中叛逆，向一切普通单挑。女人不该乖乖，好女人更要“学坏”。敢做真正自己，永葆时尚心态。七格格范，我自潮流！ 2. 潮流来来往往，我自一枝独秀。新锐是我的嗅觉，潮流是我的吸引力。把一切流行的、玩味的都据为己有，在时尚的国度，做一个霸道的女王如何?

评选你心中的最佳品牌建设方案

Jason 

望着这满屏的暗黑背景、星星元素、铆钉骷髅，一时间还以为是我的打开方式错了，这究竟是七格格还是只要9块9包你变身摇滚潮人的女装批发店？作为一家老牌电商，七格格女装一直以潮牌自居。可是我要说，不是身上粘几个铆钉骷髅头、头上的棒球帽不按常路戴、墨镜架在鼻梁二分之一处就叫潮流好吗？既然标榜"我自是潮流"，那就请加把劲儿跟其他淘宝爆款潮搭划清界限，牢牢地把自己的顾客群攥在手心里！

黑夜的黑衣杀手

七格格女装高举的品牌价值观是新女性主义的价值观：独立、自信、自由。但随着当年短发模特的消失，独立、自信和自由也仿佛一起消失了。如果说七格格女装想在潮流世界中宣告"主权"的话，我认为第一步就是换个模特吧。既然标榜了个性、独立、小众，就不要一边用着粗横眉、韩式咬唇、鼻影区比鼻梁还宽的百分百撞脸模特，一边还高呼"我是潮流，我不一样"，这会让消费者哭笑不得的好吗？

Pugss*

七格格女装从起步至今已有近10年的发展史，专注小众市场，在电商界已经打出了一片天地。一个好的演员在演艺生涯中会追求拓宽戏路，一个好的服装品牌也不例外。每个人对潮流和时尚都有自己的定义，鲜明清晰的风格划分会在节省不同顾客选购时间的同时，加强不同人群对七格格女装的品牌认同感。

Chloe

有人称七格格女装是以“时尚、独立、女性”为主题的潮流品牌，专注于小众市场，但现在的七格格女装早已成为淘宝网知名品牌，那便应该突破小众瓶颈，拥有自己独特的文化内涵。虽然七格格女装也时常推出有特色的系列，但其产品包装文案不过是由一些不痛不痒的句子堆砌而成。我想，也许下次七格格女装会直接写上艾薇儿·拉维尼的名言：“我纹身、抽烟、喝酒、说脏话，但我知道我是好姑娘。”

温柔不是我

现在的七格格女装似乎和以前不太一样了。模特画着黑粗眉、大红唇、反戴棒球帽、衣服上满是星空元素和各类徽章，和满淘宝网89元搭一身的女装店仿佛是同一画风。还是曾经那个个性短发模特更能代表七格格一些，不知道“潮”拥有着怎样的定义，但我总觉得现在的七格格少了点儿文化。

经七格格女装非常负责任地遴选，最佳品牌建设方案来自：

文案摇滚帮怀着沉痛的心情告诉大家——以后品牌建设方案写成这样，就不要来投稿了！文案摇滚帮也不想再跟你们做朋友了！

视觉设计：

颜值高才是好店铺

男装店从此不逗比[1]：男人袜网页释放大情怀

今日需求：理工男的电商平台，如何从页面观感上拉升逼格？

应用场景：男人袜独立电商平台

对于小件商品，相信很多男性朋友或许都曾有过相似的经历：购物时总会遗漏，存货告急却又总拖拖拉拉。这般“物到用时方恨少”的作死感，在袜子、内裤的购买行为中集中爆发。特殊的购买心理，加之轻小、易耗、必需、标准的产品属性，在不断碎片化的用户需求下，新的细分市场应运而生。而作为中国版的BlackSocks（10年卖出1000万双袜子的欧洲电商），男人袜似乎也由此寻得了一片新的蓝海。

[1] 逗比：网络用语。指某个人很逗，有点犯二、犯傻，有点可爱。——编者注

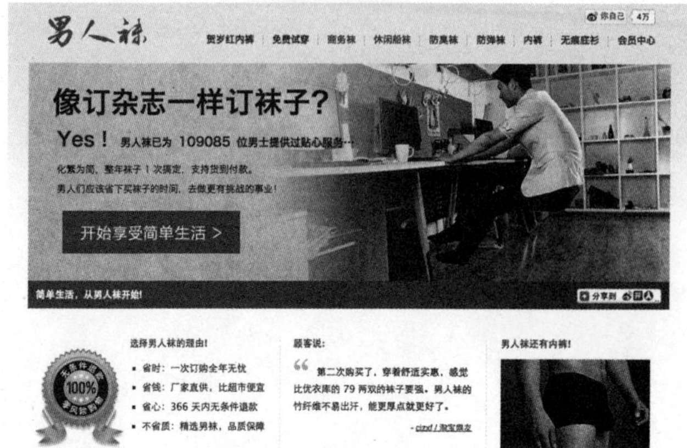

↑图 3–1 男人袜独立电商平台首页

好，让我们怀着激动的心情，闪亮地打开网站吧！

嗯，我们还是关了吧……

说好的蓝海呢，说好的创业激情呢，一定是我打开的方式不对。抛开那像“男人妹”的 Logo，“让生活简单一点”这句 Slogan 也太简单了吧？那一瞬间，我感觉好像打开了什么会教人下意识想关闭的奇怪东西——弹窗流氓网站，理工男网站，还是袜子批发网站？

再来看首页这条 Banner，干扰元素此起彼伏，视觉焦点俨然在堆满物品的画面中独自凌乱。于是，在发现袜子之前，潜在买家已经果断取消关注了。显示精确到个位的用户量，一则彰显了店铺的市场口碑，二则体现了卖家的严谨，在“已为 101602 名男士提供贴心服务”之后，“连起来可以绕地球几圈”呼之欲出。等等，这样真的可以彰显严谨吗？既然如此，男人袜独立电商平台何不更进一步，以实时更新的计数器形式，反馈真实数据，凸显品牌的市场认同与日俱增（矮油，今天又收获了 32 个赞）？

再往下看，这种普大喜奔的口号是个什么情况？

男人袜还有内裤！

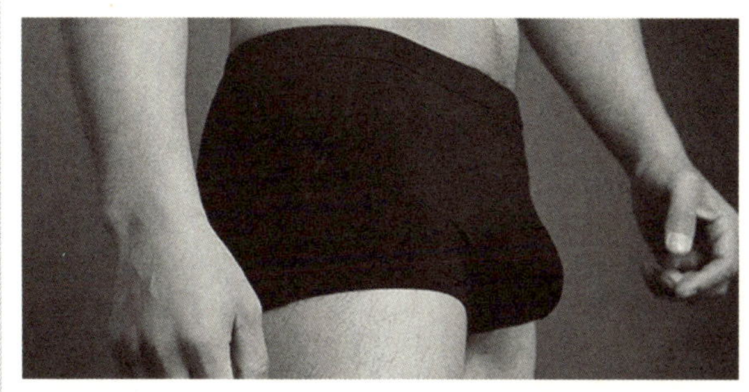

↑图 3-2　男人袜独立电商平台内裤页面引流图

敢不敢再简单粗暴点？

还有这个底部导航栏，男人袜独立电商平台是要顺便做出资讯门户的节奏吗？

鳳凰網　CNR　财经网　網易科技　腾讯科技

↑图 3-3　男人袜独立电商平台首页底部导航栏

作为 Slogan，“像订杂志一样订袜子”体现了该品牌的核心价值，即提供定期寄送服务。此外，男人袜独立电商平台还设定参考项（订杂志），对产品内容进行了联想的具象化。但是，个人觉得，男人袜独立电商平台的这句 Slogan 依旧平实有余，魄力不足，还需要释放出浓缩在产品之中的终极情（bi）怀（gé）。

同时，在网页整体风格的情调上，我们还需要从以下几项进行综合考量。

首先，品牌定位。该品牌在营销推广中始终强调服务用户大于产品本身，它并不满足于贩卖袜子，而意在宣扬消费模式背后的生活方式与处世态度。因此，在页面表现上，男人袜独立电商平台不能仅止步于简单地体现袜子。

其次，信用认知。该品牌采取了一次性预付款订购模式，而对网络平台的信用认知，会左右支付行为的实现。因此，高大上的形象表现力是必须的。

再次，产品特性。多品类电商在页面布局上——尤其在首页——往往会陷入盲目堆砌、累死滚动条的误区，这将严重影响浏览体验。而该品牌产品结构单一，可以天然避免这一矛盾（除非自己作死）。但这也并非意味着可以一切从简（比如找体育老师设计网页），而是在简约中彰显出不简单的品牌理念——我们不是随便的袜子。

最后，创始人是处女座。嗯，这是一个很严肃的问题。

基于上述情况，在页面的整体形象上，我们或许可以尝试运用极简风格的表现形式，来贴合品牌的文化内核。如下为设想初稿，仅供参考。

以“轻”为点，化繁为简，一步到位地解放身心，放松生活。从此，疑虑尽扫，妈妈再也不用担心我的袜

七嘴八舌，脑洞大开

浩亮：男人的细节，我们在意。

猫小鱼：拯救男人那只落单的袜子。

秋铭：男人袜，让你自信每一步。

王天C：穿上男人袜，我觉得自己的下半身更加高大上了呢！

Mr.X：1. 暖脚，贴心，真诚呵护你的第二心脏。2. 男人一定要有双好的袜子，就像一定要找一个好的妹子。袜子如妹子，温柔如斯。

Fenglc：款款用心，步步惊喜。拳拳之心，暖暖自知。针针密织，期期可待。

Jane：男人，不该为袜子这点事操心。一次约定，悦享一生。

shanmocloud：格子衬衫还不够geek（极客）？再来一双真•男人袜吧。

↑图 3–4　男人袜独立电商平台页面设计解决方案①

↑图 3–5　男人袜独立电商平台页面设计解决方案②

子了。

“一期一会”原指特定事件在特定时限内的特定次数（如一生一会，世当珍惜），此处延伸为订购之后，贴心关怀如期而至。

当然，极简风格并非只是单纯在页面上保留大幅空白，而是不断地筛除信息量，以为消费者呈现出最接近本源的形象，营造一目了然又眼前一亮的感觉。当然，大众熟知的无印良品就是代表。

好了，就到这里，我要去循环播放《爱的供养》了。

评选你心中的最佳品牌建设方案

何小毛

重点说一下男人袜独立电商平台的重点产品吧。

最高端最大气最上档次的那双袜子，图片上写着一排底气不足的小黑体——“男人袜为何牛b？”哭瞎，连“牛b”的b都是小写的“b”，你们文案是门口卖烤串儿的吗！不就是想说“老子贵得有理由”吗，能不能文雅一点？那些看到“牛b”就买的屌丝怎么可能买这个价格的袜子？！

该产品的卖点在于，优质且不会破洞。在袜子这个领域，能卖出168元的袜子算得上是奢侈品了，低级的奢侈品爱好者愿意购买更值得炫耀和便于炫耀的东西，稍微高级一点的，才会选择在看不见的地方砸钱。所以该产品对应的读者群，不是土豪，而是有品的绅士。因此，不要用这么粗俗的语言自折身价，先搞清楚自己的产品要卖给谁，然后告诉那个向往品味的人，“这就是品味，你试试”，告诉那个有品位的人，“你真有品位，选对了”。

文案和图片依然要简洁大气，文案示例——

袜子，品位在于品质。

好的品位，不是看得见的奢侈，而是追求每一个细节的完美。

男人袜，从棉花开始精选，用料考究，如此柔软。纯手工缝口，精工细作，如此舒适。特殊军工工艺，不易破损，如此耐用。

我们选择了每一个细节，成就袜子的品质，您选择了我们，成就袜子的价值。

月半土敦儿

点开了男人袜独立电商平台的所有产品详情页后，我发现，男人袜独立电商平台的产品详情页做得还是挺美观的，但是最最重要的首页，却充斥着一种弹窗小广告和袜子批发网站的感觉，让人不想再深入看下去。把评论放在网页最下方的模式也十分诡异，就像两性问题医疗网站的网友提问。卖男人袜应该有着广阔的市场前景，但是第一步应该是先把网站设计好了。

鱼芄子

“他们选择男人袜的理由”、“顾客说”、“男人袜还有内裤”三个板块，大可从首页上删除。“顾客说”就是顾客对男人袜的评价，我认为“顾客说”最好的展现方式，还是像其他购物网站一样，被放在每个产品的详情页面里。

为代替首页这三个板块，男人袜独立电商平台可以放些产品图，将商务袜、休闲船袜、防臭袜等系列直观地展现在首页，让顾客一目了然，直达需求。

吃柚子不吐皮

不借助其他网络购物平台，一个独立的购物网站要如何把自己的产品推荐给顾客呢？我想到了中学时期看的《读者》一类杂志，这些杂志内页所刊登的广告几乎都被凡客承包，或许男人袜独立电商平台也可以在一些纸质杂志和电子杂志上投放自己的广告。或者，男人袜独立电商平台也可以结合当下的热点，发一些营销软文，让自己的产品出现在大家的视野之中。

在文案方面，男人袜独立电商平台主要介绍不同袜子的功能和生产这些袜子所采用的技术。但其实，男人的袜子确实不需要用太多的修饰性词语去描述，突出实用性就挺好。

经男人袜独立电商平台非常负责任地遴选，最佳品牌建设方案来自：
@何小毛！

妈妈们都伤不起：MYCHOCO 页面设计修正方案

今日需求：设计无美感，怎么破？

使用场景：*MYCHOCO* 重庆巧克力 1 店

母亲节送巧克力给老妈、老婆、老师以及女上司等一切做母亲的女性是一个不错的举动。特别是送定制款的巧克力，那就更能显现出自己的用心！因此，让我们怀着感恩的心，点击并收藏这家店铺吧！

↑图 3-6　*MYCHOCO* 重庆巧克力 1 店首页 *Banner*

淘宝集市 MYCHOCO 重庆巧克力 1 店已经很明显地表现出想要来一阵喜气洋洋的节日促销风了。Banner 大大的“母爱”两个字冲击着我的双眼，还有一颗大大的爱心若隐若现，看来就是这家店没跑了。好，我先下拉，再下拉、再下拉、再下拉……

↑图 3–7 *MYCHOCO 重庆巧克力 1 店首页产品展示*

为什么还有满屏的情人节？为什么还有新年快乐？为什么还有生日快乐？为什么页面做得那么长，比著名李姓主持人的脸还要长好几倍？为什么满屏充满了浓浓的“店长跑了，挥泪大甩卖，只要 10 元，全部 10 元”的风味？为什么我有那么多为什么？我不是来给母亲大人买礼物的吗？

颤抖着打开某母亲节礼物的产品详情页，那一瞬间，我吓尿了[1]！美工你是 PPT 做多了吧！网络上随便 Down（即 Download，下载）了一张 PPT 矢量素材图，

[1] 吓尿了：网络用语。“吓坏了”的意思。——编者注

就这样放在产品详情页上了。OK（好），即便你以为酱紫（这样子）的图能代表你似火的热情，但也不能掩盖旁边苍白的文案。这丝毫表现不出什么逼格好吗？作为消费者，我的脑，我的心，汗（还有）我全身的每一个器官都不对了！我很不宣（喜欢）酱紫的页面啊！

↑图 3-8　MYCHOCO 重庆巧克力 1 店某产品详情页

对于一个致力于打造订制类手工巧克力的品牌，消费者体验是第一位的。基于此，本人认为，MYCHOCO 可以做如下改动。

首先，做节日促销也得先统一页面风格。你不能东一个感觉，西一个 Feel，消费者会凌乱的。既然 MYCHOCO 的定位是专攻手工定制款的巧克力，那么势必要走高大上路线。什么是高大上？如果 MYCHOCO 要投放钻展（钻石展位），但却在图片上加上反差巨大的“可刻字”、“送礼必备”等字样，实在不利于塑造高大上的店铺形象。

其次，在页面设计上，请不要在首页放置过多产品图，更不要用杂乱无章的顺序排布这些产品图。而要将店铺的当季主打作为首页最重要的构成元素，靠前集中摆放，把不属于当季的产品从首页剔除，从而使消费者看到店铺页面就能第一时间获取店铺所要表达的信息。产品详情页的设置就更要如此，除了标注出产品的基本信息，更要体现当季的 Slogan。

再次，既然是食品类目的店铺，用 100mm 定焦配合布光，拍出有虚化的满构图图片不是更能吸引吃货们的注意力吗？再把促销信息放进产品详情页，才能更好地提升转化率啊！如下图所示，店家明明是有类似的产品图的呀！

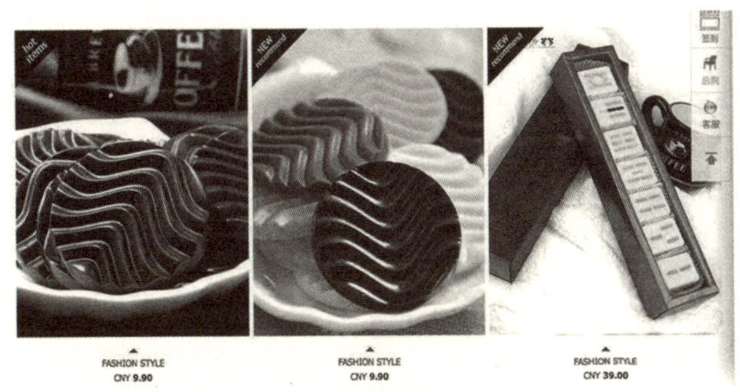

↑图 3-9　*MYCHOCO 重庆巧克力 1 店产品图*

最后，做节日促销，若不立足于极致感性的文化层次，就要立足于极致理性的价格层次，无论将哪一诉求做到极致，都能优化用户在店内的体验。MYCHOCO 既然主攻定制类产品，最先应该解决的便是消费者的感性诉求。Banner 上列明的“巧送三重礼”

只是促销手段，能被任何一家店铺模仿并超越。可以尝试在首页 Banner 以及产品详情页上，用以下文案来突出产品特点和节日特点——

一份专属于你母亲的爱。

源于双手，将爱的温度传递给你的母亲。

融化，是你带给我的温暖；塑形，是你养育我的方式；署名，是我回馈你的那份爱；香甜，是我对你永世的感恩。

七嘴八舌，脑洞大开

ZL. 黄：浓情造于手，蜜意融于口。

苏李谊谊：亲爱滴（的），阳光虽好，可不要晒得太黑喔，我怕我会忍不住把你当 MYCHOCO 吃掉。

武月关马：MYCHOCO，定制我的爱意。

周澂彦：爱的形状，由我亲手拿捏。

猫七：1. 男生版——试试我们家纯手工的巧克力吧，它跟纯真的姑娘一样味道特别。2. 女生版——在阳光下一心一意制作出来的巧克力，愿你打开包装还能感受到喜悦和温暖。

如是：MYCHOCO，指尖的肖邦在舌尖流淌。

评选你心中的最佳品牌建设方案

cheeer 

文案就用“爱你在心”这句，这句话突出了消费者为自己所爱的人定制巧克力的良苦用心，所以只要有这一句文案就已经完全足够。MYCHOCO 可以把这句话印在包装上，收到巧克力的人看到这句话应该也会很感动。以后每次的节日促销口号都可以以“爱你在心”开头，比如儿童节的文案的主标题就可以这么写：爱你在心，要与你同享童趣。副标题则可以是：定制童趣巧克力，与爱的人回到那年时光。

Bananas

MYCHOCO是一家手工巧克力店，要凸显定制这一特点很OK，但是首页上满满的“DIY（Do It Yourself，自己动手做）”、“刻字”、“手工”，再加上两毛钱成本的小学生修图，简直是闪瞎了眼、雷出了翔[1]。还有9块9就包邮的图片轮播，我只想说：请千万不要放弃治疗！这样一家主打纯手工、私人订制的巧克力店，难道不应该处处都是满满的逼格吗？如果让我给MYCHOCO提方案，我的第一建议就是换掉图片、换掉文字，换掉与美工有关的一切吧。

向善花看齐

既然是一家纯手工巧克力店，主打私人定制概念，目标顾客群应该是年轻人吧？可是对于首页中五颜六色的玫瑰花、各种花样的心形，作为一个年轻人，我除了“俗”实在想不出第二个字来形容。不知道现在还有几个年轻人会因为满屏的“爱你一生一世”、“与你相伴

[1] 翔：在网络用语中作为“屎”的代称。——编者注

一生”就痛下买手。老板，放一放手中的巧克力，先把首页整一整吧！

不拖延会死斯基

MYCHOCO自称纯手工巧克力定制专家，但是就凭这满屏的渣图，我叫你声专家你敢答应吗？一部《舌尖上的中国》教会了我们，拍摄水平与食物的色相绝对是正比例关系。想让别人选择你的巧克力，你的产品最起码看上去要有节日礼物该有的样子，别以为背景中加个美女、加朵假花就是送礼首选了好吗？食品类的东西本不需要有模特，当然，如果能达到画龙点睛的效果，这样也未尝不可，但是模特要统一这点应该不用别人教吧？

经 MYCHOCO 重庆巧克力 1 店非常负责任地遴选，最佳品牌建设方案来自：

文案摇滚帮怀着沉痛的心情告诉大家——打铁还需自身硬，吐槽不能解决问题，请拿出你们的品牌建设方案来！

神图“毁三观”：姐妹良品如何凭网页设计做到金冠店

今日需求：乱的气息完全挡不了，怎么破？

使用场景：姐妹良品饰品

怀着激动难耐的心情，本人在浏览器中输入网址jiemeiliangpin.taobao.com。咦，没有店铺？难道是我打开的方式不对？

等等，金冠水平的店铺应该会为我等广大“刁民”着想，所以其店铺网址应该是 jmlp.taobao.com 或者 sister.taobao.com 吧？我连忙输入了网址，可淘宝网再次无情地给我了一句“木有”。

根据“中国达人秀”的规矩，连续三次被“Say No（说不）”就表示完全通不过，所以我还是老老实实地搜索吧。

终于打开了。网址居然是 ssboots.taobao.com！真的不愧为金冠店，连域名都选得这么有特色。不过，可不可以麻烦亲翻译翻译，“神马”叫 ssboots？确定不是靴子的意思？好吧，估计正常的域名都被竞争对手提前注册了，ssboots.taobao.com 中好歹有个 Sister（姐妹）里的 s，不止一个，而是两个，足见姐妹情深。想到这里，我瞬间就释怀了。

打开页面之后，暖暖的音乐在耳畔响起。我心想，店主真心聪明，不是都说暖暖的音乐可以促进店内销售嘛。可正在暗自佩服之际，旁边的同事突然作狮子吼："哪个在办公室放音乐！”这……

关了音乐后，我继续浏览。姐妹良品饰品的首页仿佛一个无底洞，深不见底。在混乱中，我相中了一枚指环，可眼一花，就再也找不到了。左侧导航栏写着“新品上市，满 99 包邮”，OMG（Oh My God，我的天），我还是去顶部分类导航栏吧。

好不容易进入了该指环的产品详情页，价格倒是不贵，可说好的精致呢？说好的良品呢？文案有下划线，文字大小不一不说，还有高亮黄背景啊！参差不齐的图片仿佛蜿蜒的山路，又若地里的大白萝卜，一会大一会小。亲，这是悟空再世吗，说大就大说小就小？有两张图片还算精致，但是完全没有要突出商品的意思。到底适合胖手戴还是细手戴？到底是否适合我戴？消费者瞬间凌乱了。此外，文字和图片太多，怎么拉都拉不到底。嗯，本店擅长下拉风格，就是要搞坏你的笔记本电脑向下键。

↑图 3–10　姐妹良品饰品产品详情页配图

总之，这金闪闪的金冠店让我深深地为之感动，并明白了坚持是何等的重要。此外，姐妹良品饰品也给那些说图片重要、排版重要、页面精致、分类清晰、要有内涵的电商专家狠狠一计耳光：“看，老娘只管大局，还不是做到了金冠。我绝对不会告诉你，我店里所有的美工都去发货了呢。”

这里是吐槽和解决方案的分界线。

在我看来，姐妹良品饰品在页面设计上最大的问题在于，缺乏整体的统一性。大家都喊着做品牌，到底什么是品牌啊？别的不说，品牌最基础的含义就是，人家一看这个东西就知道是你家的，而不是隔壁老王家的。

因此，本人给出的解决方案也要从这里出发，塑造品牌的统一风格。

首先，字体要一致，每张图片的背景要一致，模特也要一致——有美女模特的话，就拜托都用同一个美女模特。

其次，文案要怎么写呢？想想花语吧。这么单纯无辜的花，竟然被人类强行赋予各种含义，比如玫瑰花代表爱情，山茶花代表希望，桔梗花代表永恒的爱。拜托，它们只是花好吗？放开它好吗？就不能让它纯粹地当一朵花吗？你们成人的世界太不单纯了啊！好吧，我其实是想说：让我来！

总之，为每个系列搭配一个名字，配上一种精神。起名的话，随意抛砖，“一个物象＋一个××”，混搭起来即可。比如猫耳打盹系列，既有喵星人（猫的网络昵称）在，又是一个非常规的搭配，足以让人印象深刻。

猫耳打盹系列：为你刻上一辈子洗不掉的优雅。

其余的，自己发挥去吧。

七嘴八舌，脑洞大开

叶素帆：让你成为人群中最美丽的一道风景。

阙姜：1. 锆石花火——让你的指尖幻化传奇。2. 蝴蝶迷津——许自己飞越沧海的勇气。

笨笨的蛋：灰姑娘丢失的其实是我们的耳环。

武月关马：优雅娴静地饰你，人群中闪耀的也是你。

cheeer：跟自己恋爱吧！随心肆意，活出自己喜欢的范儿。爱自己的女生，会得到更多爱。

Jane 张小懵：姐妹良品，分享每一件心饰（心事）。

Terry：饰品如真，姐妹诚心。

彭旭：孤独的人并不可耻，恋爱的季节错过又何妨，有你陪，粉饰我心，足矣，我的好姐妹。

评选你心中的最佳品牌建设方案

不小心得了爱姿病

页面信息爆炸、设计混乱是这类型的淘宝饰品店普遍存在的问题。整体看上去，姐妹良品就像一个毫无章法、化妆桌一片混乱、东西到处堆放、思维永远混沌、小脑不太发达的妹子。因此，该店页面的重新设计或许可以从精简店铺开始。

首先在首页设置一个清晰的进入每个大类的通道，一目了然、简洁清晰。其次，在产品详情页，图片也不必放置太多，只要有实物图、细节图、上身图，以及一些搭配建议即可。一些明显对饰品和背景图片进行合成的做法，除了降低商品的档次和品味之外毫无用处，大可删除。

Hemaly

姐妹良品的首页色调简洁统一，BlingBling（形容某件事物很闪耀）的饰品在暗黑色调的衬托下，视觉效果还算让人满意。可是向下、向下、再向下，这是怎么回事？这是欧巴桑（日语“大嫂、阿姨”的直接发音）的裹脚布吗，怎么下拉也拉不完。作为一种小商品，饰品种类繁多是必然的，但是有分类存在的时候请认真点发挥它的作用好吗？我觉得没必要在首页做过多图片的堆砌，挑出各分类中的典型作为代表，引人入胜、层层展开才能更吸引眼球。

企鹅妹

作为一名资深淘友，我在淘宝网上购买饰品时，依然觉得很难下手。我最大的顾虑是，我所看到的模特图与买家秀差距实在太大。图片中的美女戴上分分钟变身气质名媛、高贵女神的饰品，到了我身上，可能就是掉落凡间的一根干稻草，不会有人多看第二眼。我想大多在网上购买衣服、饰品的女孩子都会遇到这样的问题，对于这一尴尬现状，我觉得晒单大赛可能是一个绝佳的解决办法。鼓励买家晒单无疑会吸引更多潜在客户的围观，适当地“接点地气”可能就有更多生意上门。

霹雳爆炸龙

不少人觉得，做电商最难的是营销，即如何引流及提升转化率，但也有不少店铺最后竟是死于对自己的产品不够了解，定位不够分明，以及配合销售的店铺首页及产品详情页不能准确体现产品特点上。因此，我们不能说装修店铺是一件简单的事情，相反，它非常复杂。

姐妹良品淘宝集市店装修混乱已经是不争的事实，如何能让它的店铺装修更上一层楼是我们现在必须面对的问题。

首先，请对你的竞争对手做大量分析；其次，请最大限度地了解你的品牌特征及产品优势；最后，全方位了解你的目标消费群体。如何了解？其实可以在姐妹良品饰品首页加入帮派、社区等相关栏目，与目标消费者进行充分沟通——当然，这也有利于进行售后客户维护。

在充分了解以上数据之后，请反反复复测试，以确定到底如何确定产品分类，才能让消费者的购物体验最佳。这之后，为每个品类推最具有爆款潜质的产品，切勿使首页内容过多。当然，有的店铺会在店铺首页介绍品牌文化，追根溯源。为提升逼格，这也不失为一个好办法，但切忌喧宾夺主。毕竟，Po（Post 的简写，意思为上传到网上）品牌文化上来也是为了拉升逼格，从而提高转化率，产品才是永远的核心。

这之后，才要让美编从店标、首页到产品详情页模板，再到栏目品牌页进行个性设计，一步步来。淘宝网店铺页面设计，有一个比较特殊的要求：热闹而不杂乱，要有购物的氛围，同时要清晰有序。

经姐妹良品饰品非常负责任地遴选，最佳品牌建设方案来自：
名字劲爆酷炫屌炸天[1]的 @ 霹雳爆炸龙！

[1] 屌炸天：网络用语。常用以形容某个人在某方面很厉害或者某件事令人惊讶。——编者注

烂美工都是猪队友：
多乐电器的美工革命

今日需求：你乱我也乱，大家一起乱，怎么破？

使用场景：多乐电器旗舰店

说到天猫店，似乎各个单品的图文编排哪怕再简单粗暴、缺乏美感，只要在整体形象上统一调度，你乱我也乱，要乱一起乱，还真是会有不错的销量，简直可以把穷酸文人活活气死。所谓逼格，在这些店铺面前显得不堪一击——“劳资”连节操都没有，你还跟我谈逼格？一个逼格能拉多少流量进来？

然而，我们同样也应该看到，那些依靠逼格成功上位的店铺，同样多如牛毛。

所以最关键的问题还是在于统一风格。因此，拜托各位在剁手党电脑屏幕里的天猫店，请努力让你们图文编排上的整体形象具有同源性。

↑图 3–11　多乐电器旗舰店首页导航

回到本文的标题中来，看看家用电器的故事吧。

多乐是一家主营“神器”的天猫店，这些“神器”包括足浴盆、按摩垫、足疗机等电器。因为产品动辄也要好几百块，所以在店铺首页上，多乐电器旗舰店貌似正确地选择了一种清新素雅的风格。

简约家居风扑面而来了有木有？规规矩矩的“多乐”两个字立刻展现出了一种与国际品牌接轨的范儿了有木有？如果说还有什么遗憾的话，就是 Slogan 右边空太多了——当然，留白总比瞎放一些扎眼的图片要好。

看到这里，我电脑上的扬声器开始骚动，似乎有什么不对的东西跑进来了。看看浏览器也没跳出什么“黄

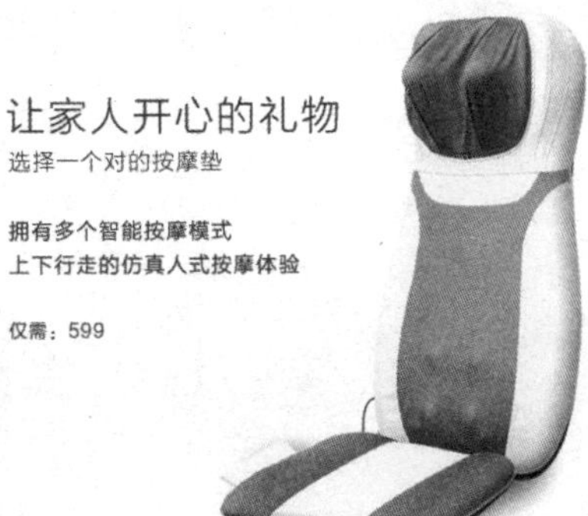

↑图 3–12　多乐电器旗舰店首页视频截图

赌毒”的小广告啊，为什么会有女人的声音传来？把窗口往下拉，居然是……一个只要打开网页就会自动播放的视频。

把这么个视频放在店铺首页是要闹哪样啊？自动播放是想把宅男吓出“蛇精病（神经病）”啊！这不是逼着没有安全感的天蝎座直接关掉网页嘛！第一眼清新素雅的美好印象在耳畔一扫而光啊！

↑图 3–13　多乐电器旗舰店首页热门产品展示图①—③

风格不统一，+1。

然后再往下看，是三张动态图，用淡入淡出的效果滚动播放。视觉效果上本来也还算清新素雅，但是颜色反差太大，还想不想跟处女座做朋友了？

风格不统一，+2。

此外，点击这些图片之后，你会发现：你有 80% 的几率跳转到一个神奇的页面，继续感受产品的物理特性；而另外 20% 的几率，则会跳转到淘宝网首页：www.taobao.com。

嗯，这一定是店铺工作人员跟老板开的一个玩笑。

继续看，在店铺自认为已经奠定了清新素雅的基调之后，我们紧接着发现了这个爆款。

这么多文字铺天盖地而来是什么意思？就这种荡然无存的逼格，你卖我 1980 块？你当我是谁啊！

风格不统一，+3。

现在购买还送
MH185一台！
数量有限 赶快把握机会吧
多乐型动派
超薄甩脂机

↑图 3–14　多乐电器旗舰店首页热门产品展示图④

下面是“大家来找碴”环节。一开始，“多乐”是这样的——

多乐®

↑图 3–15　多乐电器旗舰店 Logo ①

怎么忽然就变成了这样的？

↑图 3–16　多乐电器旗舰店 Logo ②

风格不统一，+4。

最后，我们还是来看个产品吧，产品的名字叫做“家用按摩椅颈部按摩枕腰部车载按摩垫颈腰椎按摩靠垫背部按摩器”……

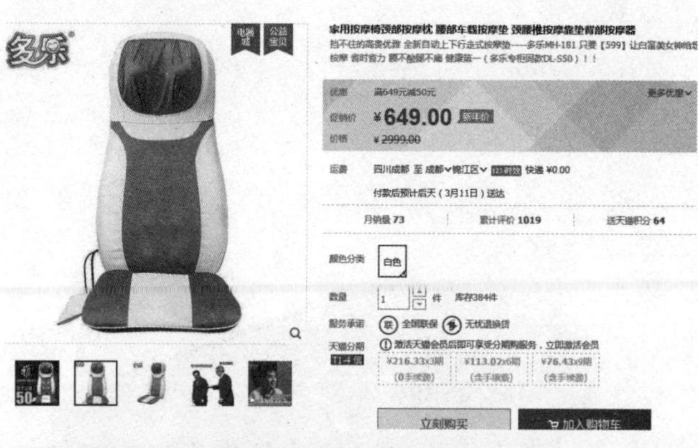

↑图 3–17　多乐电器旗舰店产品详情页

话说我刚才是从哪点进来的？

然后，随着鼠标不断滚动，视野里突然跳出了这个，感觉有什么不好的东西混进来了。

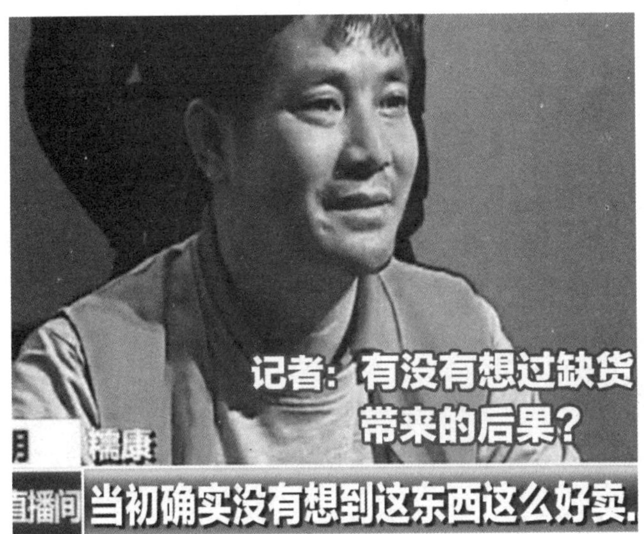

↑图 3–18　多乐电器旗舰店产品详情页宣传图

七嘴八舌，脑洞大开

kiki：每天多一些乐趣。

Jp：多彩生活，乐在其中。

秀清：1. 健康之路，多乐随行。2. 多乐，只为你健康着想。3. 从此，我们家有了专业足疗师。4. 多乐，给你一个足“购”的理由。

看到这里，笔者已经无语凝噎。

评选你心中的最佳品牌建设方案

苏李谊谊

六七月是“童鞋（同学）”们的失恋季晓得不？本人实在木有心思思考如何把别人家的店铺做大。要不足底按摩器和眼睛按摩器就留给我们伟大的老师们吧，他们在讲台上激情地站了一整天，晚上还要为熊孩子们批改作业和试卷，足底按摩器和眼睛按摩器不给他们给谁啊？这不，过两个月又要开学了，教师节也到了，正好可以实验一下，搞不好“教师节不送礼，送礼就送多乐”会流行起来。如果有人问，总不能年年都送按摩器啊，今年送了明年送什么啊？那更好啊，明年做产品升级啊，第一代、第二代、第三代、4S、5S、6S，多拉风啊。不买足底按摩器和眼睛按摩器会死吗？脖子不用按摩了吗？手不用按摩了吗？品类还可以再增加嘛！什么，还是不够？那就给每样产品注入点优秀的“精神品质”，足底按摩器优秀教师特别定制版，足底按摩器我的第二位母亲特别版，足底按摩器最可爱的老师版，温柔版，毕业版，感恩版，体育老师版，地狱老师版……“童鞋”们，如果你们要是还在纠结教师节应不应该送礼，那就当我“神马”都没说。

温柔不是我

很多天猫店的销量好像丝毫不会受到产品乱的影响，但是如果能有完整的分类、简洁的主色调，对销量肯定是有百利而无一害。

Echo

顾客花钱买按摩器，其实买的是舒适，所以仅仅一句“拥有多乐，健康快乐”不免显得有些苍白。我觉得可以给多乐品牌赋予一种新的内涵：多彩人生，乐在享受。

店铺的整体设计也不能仅仅是产品图片和直白描述的简单堆砌，而是要加入一些文艺清新的元素，最好能让顾客感受到扑面而来的清风，在购物的过程中感受慢节奏的生活格调。

还可重点关注用户体验，本着花最少的钱获得最高品质享受的原则，定能创造更大的潜在市场。

Damon

在文案摇滚帮看了那么多的案例，发现只要是风格统一，便有机会成为一家高逼格店铺。多乐电器旗舰店产品不多，但是打开所有产品，发现既有写着“智雅”、“心静”的中国风，也有比基尼美女大秀身材，背景颜色更是五花八门，实在与动辄几百上千的价格不相匹配。此外，在产品详情页中对文字描述加上大黄和大红背景的做法，也不知道是哪个店主开创了先河，竟能在淘宝广为流传。纵观飞利浦的天猫旗舰店，所有产品遥遥立在白色背景中，给人以更专业的感觉。须知，“给颜色做减法”的搭配守则适用于一切领域。

G_eileen

多乐电器旗舰店主营各类按摩用品，因此可以试着向消费者传达以下两点观念：首先，现在国内科研技术发达，按摩用品的科研和制造水平绝不落后于国际；其次，所谓“术业有专攻”，多乐专注做按摩用品，一直以来都在按摩用品领域投入更多力量，因而绝对是同类品牌中的佼佼者。只有如此，才能让消费者在听到按摩两个字的同时，立刻就想到多乐。而这正是打开销量的第一步。

经多乐电器旗舰店非常负责任地遴选，最佳品牌建设方案来自：
@苏李谊谊！干得漂亮！

那些年我们吐过的槽：
吃透透食品做出店铺视觉新感受

今日需求：视像凌乱，怎么破？

使用场景：吃透透食品旗舰店

一打开吃透透食品旗舰店，就果断被满屏绿底以及在绿底首页上的鲜艳红色 Banner 惊呆了。

等等！让我们再仔细研究一下这块 Banner——在

↑图 3–19　吃透透食品旗舰店首页 *Banner*

尤其需要高清无码（无马赛克）图才能勾起购买欲的食品类店铺里，在最显眼的顶端，产品图片只占了六分之一左右的大小，且显然被旁边的大字欺压！

不能太小看这些绿色，它们不甘心只是当一个底，它们还是有花纹的！

再往下，深深感受到了“乱”的精髓：首先，如此之多的文案，让密集恐惧症的人情何以堪；其次，不但字多，字体也多，店铺运营的表达欲略旺盛，将乱升华到了一个全新的境界；再次，每张图片角度、背景、大小都不一样，又是要闹哪样；最后，红配绿……还需要再说什么吗？

再浏览每件商品的产品详情页，本人惊奇地发现：风格都不一样！

据我观察，很多高大上的设计都是由极致清晰图片和极致简洁背景构

↑图 3-20　吃透透食品旗舰店首页产品展示

成，而吃透透食品旗舰店却恰恰相反。图片都很模糊，仿佛天生打了马赛克；而背景则乱成一片——尽管有好的产品，但倘若视觉感混乱不堪，还是会造成视觉上的疲倦，降低调性，让顾客失去信任感。

↑图 3–21　吃透透食品旗舰店范特西蓝山咖啡产品详情页

因此，抛开那些虚头巴脑的东西不谈，首先要做的和最基础的就是不要让自己的店铺混乱不堪。产品图、拍摄角度、背景、打光、字体、颜色、Logo 都要统一，页面才有整体感。在这个基础上，再谈特色，让消费者一眼望去就知道进入了哪家网店。

说到这里，本人再传授点“干货”。

关于文案，我倒觉得不大需要写些煽情如李欣频的，还是要回归简洁。台湾食品最大的卖点和特色就是

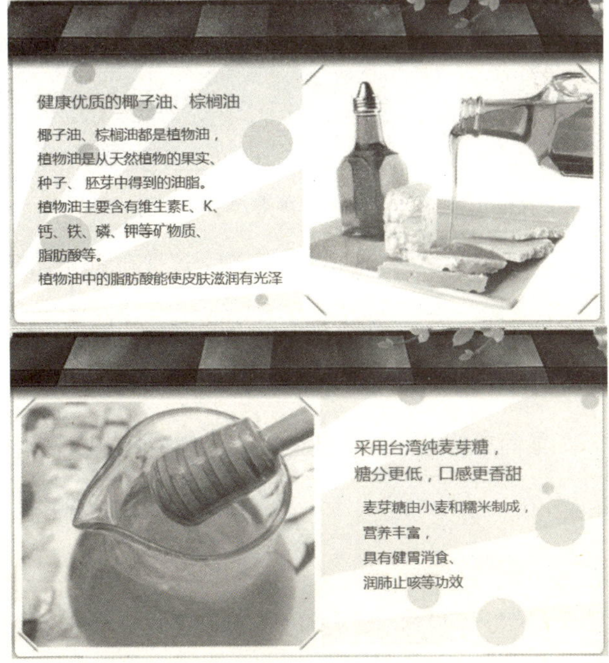

↑图 3–22　吃透透食品旗舰店植物油、麦芽糖产品详情页

↑图 3-23 吃透透食品旗舰店鸡蛋产品详情页

“台湾”两字——一听到来自台湾，浮现在脑海中的就是绿色环保，而不是地沟油和添加剂——因此，文案只要强调台湾就可以了。

最简单的方法，就是在每张图片上打上吃透透的Logo，在Logo下面再打上“台湾正宗”4个字。见缝插针，将有用信息插进任何消费者可见的地方。

当然，说说容易，实际操作起来还是挺有难度的。尤其是视觉上的东西，站着说话不腰疼的人明显很多。

七嘴八舌，脑洞大开

冯佩斐：正宗台味，比志玲姐姐更嗲哟。

shanmocloud：吃透你的口味，更要吃透你的品位。

笨笨的蛋：我要吃透透，让你一次吃个够。

评选你心中的最佳品牌建设方案

观锦

进店铺看了看，我觉得吃透透食品旗舰店可以在排版方面做得更好。像现在这样，饼干、黑糖魔方、凤梨酥、咖啡全都挤在同一个版面，美工排起来很辛苦，消费者找起来也会很辛苦。分类也是，稍微优化一下会好很多。文案呢，就一句：海峡对岸，美味同在。

那棵树看起来生气了

虽说吃透透食品旗舰店主打台湾美食，但那些在不了解情况时打开其首页的人恐怕还真不能看出这点来。说到台湾，很多人首先想到的便是台湾丰富多样的美食，可以说“台湾”的确是吃透透的卖点所在。因此，该店也应无时无刻不强调“我的零食是台湾的，是台湾最流行的，大家都在吃的”才对。与之相对应，吃透透在页面设计上也应该有一些台湾特色，而不是大红大绿地向低端喜饼专卖店靠拢。

PiKaChu

对于吃透透食品旗舰店这样一家主营台湾零食的

店铺，本人给出如下意见。

首先，加大对台湾文化的挖掘，并使台湾文化与店铺商品结合起来。

其次，学习新农哥、良品铺子等成功网店经验，通过营销策划，从产地、生产、销售等方面进行全产业链品牌体系建设。

再次，注重细节，从产品包装、外包装、快递包装盒、服务卡、塑胶带等方面加大品牌造势，使品牌 Logo、理念能够从多方面传达到消费者内心。

最后，找准定位，优化网店设计，逐步统一网店图片和文字风格。

彭旭

市场上不缺美食，缺的是台湾美食。既然是台湾来的美食，当然要有浓郁的台湾风情或台湾元素，把消费者带到台湾的氛围和场景中去，让消费者在脑中形成台湾美食的画面，让他们想象出拥有台湾美食后的满足感。须知，有地域感的品牌形象就是最好的品牌形象。

因此，除了文案要有代入感之外，吃透透食品旗舰店还需在页面上多设置来自台湾当地且和大陆具有强烈差异性和对比性的图片，首页和产品详情页都要有。

看到这么地道的台湾美食，大家就会有试一试的冲动，就像大陆男想知道台妹是什么样的一样。

基于这一点，我给出如下文案建议——

暑假太爽了，我要玩透透，还要吃透透（配合以下图片：一个典型的台湾女生在台湾著名的日月潭景点食用吃透透美食）。

台湾吃货的境界，没有最高，只有更高（配合以下图片：在台湾 101 大楼前，一个台湾女生正吃着吃透透美食）。

我是卖槟榔的台湾女孩，请别喊我槟榔西施，我只想告诉你，台湾也有舌尖上的美味，吃透透就很地道。

我是台湾原住民，我爱吃台湾地道美食，我爱吃透透。

秀清

关于首页的产品小图，如果对配色不太有信心，那就把精力放在产品高清图片的拍摄上，强调的是统一风格，看得舒服，找得容易。

另外，可以根据口味分类延伸出不同的页面，这样也比较有意思。我个人有个设想，中国人一直很喜欢节气，吃透透食品旗舰店因而可以配合节气，挑选合适的产品，做统一的活动页面，在营造意境的同时，也能推荐正宗的台湾食品。

可配合以下文案——

品·台湾，味·人情。

食物最原始的味道，就在这里。

吃透透，来自台湾的味道。

猫七

从客单价来看，吃透透食品旗舰店主攻的是精致食品，但该店首页的杂乱却跟精致背道而驰。基于这一点，我建议吃透透按以下标准划分商品专区：营养早点——主推几款营养比较丰富的食品（一线城市的人群生活节奏较快，如果这个时候，有营养丰富且方便携带的食品可供选择，那一定是很受欢迎的）；乐享下午茶——主推几款脂肪含量低的食品（办公室人员对下午茶的需求比较大，但是办公室人员普遍担心下午茶脂肪含量过多，引发肥胖，如果有好看又好吃且脂肪含量低的食品，是很容易吸引消费者关注的）；其他版块——掌柜自定义。

文案：我有一个梦想，把全台湾的美味吃透透（突出俏皮感，迎合年轻人的喜好）！

经吃透透食品旗舰店非常负责任地遴选，最佳品牌建设方案来自：
@彭旭、@秀清、@猫七！

吃货的世界你造吗：法国花神首页 Banner 怎样更出彩

今日需求：高逼格店铺终“失足”，首页 Banner 明显欠考虑，怎么破？

使用场景：法国花神

作为一家有小有名气的实体店支持的西式点心淘宝网店来说，比起大部分的私人作坊，法国花神的优势显而易见。但是，该店铺却并没有将这个优势发挥到极致。而阻碍其发挥优势的，正是“我们有实体店”的这个想法。

“有实体店”是信誉和品质的保证，但这同时只是一个加分项，网店应该是一个相对独立的存在，以产品（包括质量、口感、包装）、视觉感受和服务取胜。因此，本人建议法国花神淡化实体店身份，突出强调产品本身。

此外，法国花神的产品图片拍得真心诱人。既然如此，该店首页就更加应该删去那些奇怪的咖啡店底图，突出热销产品。

另一方面，虽然法国花神店铺总体色调还不错，使人能找到西点的感觉，但排版方面的问题却很大，细节处理也尚需调整。以 Banner 之一的朗姆蔓越莓曲奇广告图为例，让我们来分析一下单张 Banner 所存在的问题。

↑图 3–24　法国花神店铺首页朗姆蔓越莓曲奇 *Banner*

法国花神的目标消费者为年轻人，所以产品文案的用词应尽量优美。用“你 Out 了（意指过时）！”这种用语，和西点的气质完全不搭，店铺无疑是自折身价。

从消费者的淘宝等级来看，钻石以上的买家占绝大多数。这样的人群淘宝经验丰富，对于产品图、细节图和产品规格说明的重视程度往往会大于文案本身。也就是说，Banner 里这样冗长的文案是不会有多少人认真看的，更别提文案的字体和颜色都让人看不清楚，想要直接跳过。因此，Banner 的文案应该用最少的语言突出产品卖点，让人产生点击的欲望，等消费者进入产品详情页以后，再做具体说明不迟。

示例：秘制朗姆蔓越莓曲奇——浓郁朗姆芳香，酸甜蔓越莓果肉，酥脆口感，成就味蕾极致享受。

↑图 3–25　法国花神店铺首页朗姆蔓越莓曲奇 Banner 解决方案

至于 Banner 之二……抱歉，我有点不知道该从何吐槽起，是那个语气奇怪的“欧洲范儿”，还是那个莫名其妙的小繁体字？

因此，建议首页设立 4 张 Banner，前三张是销量排名前三位的三款热卖产品，最后一张是“绝不向成本妥协”的宣传语，仅保留简短的品牌故事。

此外，请千万记住，产品第一。请尽可能地以最朴实的排版和最简洁的语言突出产品优点，并在每一个产品的产品详情页中详细说明产品做工之精良、用料之奢华，不要辜负摄影师。

↓图 3–26　法国花神店铺首页“夜上海的欧洲范儿”系列产品 Banner

七嘴八舌，脑洞大开

Msxe- 平川太太：秘制朗姆蔓越莓曲奇文案——这份酸甜采摘于法国午后的花园。

Zero：一秒优雅，只爱法国花神。给味蕾高贵享受，只有法国花神。朗姆共舞蔓越莓，爱上一曲法国优雅。

叶素帆：虽然我不是吃货，但是为了你，我变成了吃货。法国花神，有你想要的极致味蕾体验。

秀清：法国花神，不只是秘制。

Kiki：互联网上的左岸味道。

猫七：法国花神，给味蕾来一次五星级的 SPA（放松保养疗法，即水疗）。

评选你心中的最佳品牌建设方案

如是

个人觉得，用文案挡住产品并不是一个展示产品的好方法，只有让食品散发诱惑力的图片才真正具有吸引力。其实，这张朗姆蔓越莓曲奇 Banner 图本身就有问题，产品照片铺满整张 Banner，那要把文案放在哪里啊？似乎无论把文案放在哪里，都会遮挡图片。还有右下角那个要露不露的蔓越莓到底是闹哪样啊？要么全拍进去，要么就不要放上去，这是摆拍，咱可以注意背景的吧？虽然我不是资深吃货，但也深深觉得图片美是第一，网页排版不乱其次，这两点是必须的。

cheeer

在逛法国花神的过程中，我觉得这家店是想做一家有品位且专业的西点专营店，面向中端收入人群。如果是这样，那就对店铺的格调提出了很高的要求。基于这一点，我提出如下建议。

其一，法国花神可以加一些和缓且具有欧洲风情的背景音乐，让消费者受到全方位的感染。

其二，首页显示花神咖啡馆 Banner，可是该店铺主打西点，主打产品与首页 Banner 并不协调。

其三，各式西点下面包含法式西点、生日蛋糕等分类目，但分类目前的“一、二、”可以删掉。

其四，法国花神的整体风格稍显杂乱，或许是我吹毛求疵。建议掌柜去看看“黑法师”的店，该店风格统一、简约，柔中有力。

其五，建议法国花神重拍店铺首页的产品介绍图：首先统一每个系列的风格；其次多花心思在摆放上面；再次，修改产品详情页上搭配产品的道具，譬如，把闪电泡芙放在笔记本里拍，这实在无法引起我的食欲。

最后，既然突出手工、专业，完全应该直接用首页 Banner 来突出这一点，让消费者第一时间知道你的特色。

瘦皮球

就我看到的情况来说，建议法国花神做好三项工作：视觉营销、体验营销、USP（在经济领域中代表独特的销售主张，由罗瑟·瑞夫斯首创）营销。

关于视觉营销，我只在这里简单讲一点：点开详情页一看，我只想问一句，说好的法国呢？为何连首页好不容易积累起来的一点小感觉都消失不见了？卖椰汁的有椰树，卖柠檬的有果园，卖花神的呢？请找到属于自己的独特视觉符号。

再者，我要在这里吐槽一下体验。这是我第一次接触法国花神，总体感觉这家店不错，但一些细节却让我感到不快。比如说，有导向意识却不能点击的文字和图片是怎么回事啊喂！可知道我们已经习惯了见图就点？凡客预售衬衫还知道做个预告承接页呢，多做张告知图美工又不会不孕不育！诸如此类的问题，在法国花神的首页上比比皆是，是要告诉大家“这个真没有”吗？如果一样东西不能增加客户黏性和关注度，那就拿掉吧，多余的素材只能是对体验本身的亵渎。

最后是USP，其实视觉效果和消费者体验都应围绕着它来。同样是食品，M&M's当年凭借“只溶在口，不溶在手”一炮而红，法国花神也可以说自己“一贯法国，别无所求”——当然，在说这句话之前，请先砍掉店里那些美式、欧式的产品，因为对法式品牌来说，它们实在是太捣乱了。然后呢？继续深化啊！法国花神的品牌属性是什么（物理性、功能性特征分析）？品牌利益是什么（做什么用，以及顾客能获得什么）？品牌价值是什么（与众不同的消费体验）？品牌个性是什么（如果要将法国花神具象化，会是谁）？

品牌精髓是什么（核心竞争力是什么）？为此应该确立怎么样的产品线（主打产品是什么，长尾做什么）？

我想，我还是不要说下去了吧？再写就成书了。

SOSO

法国花神这个店名极具文艺气息，那就干脆走上文艺的不归路吧。可惜的是，法国花神淘宝集市店首页并没有能给消费者带来这种感觉。针对这个问题，我个人认为，可以先 Po 一段有逼格的文字，把前戏做足，然后再放产品图片。文艺青年不就是图个 Feel 吗，这样也是很有 Feel 的做法。此外，可以将图片切成正方形，突出视觉感受，且为每张图片写一些点睛的文案，应该就很不错了。

经法国花神非常负责任地遴选，最佳品牌建设方案来自：
一直在获奖的 @ 瘦皮球和 @cheeer！

不明觉厉：眠趣，用画面找文本之源

今日需求：画面也要有内容，怎么破？

使用场景：眠趣旗舰店

在大家的潜意识里，文案摇滚帮在给出文案解决方案之前，会进行例行吐槽。但大家错了，今天写的这家店 360° 无槽点，让本人欲吐不能，十分不开心。

事情是这样的，眠趣的创始人在朋友圈晒了公司新做的 Logo 墙，这个设计瞬间就击中了我，于是我决定帮眠趣一把。

事实证明，直觉是没有错的。本人隐隐觉得，整个眠趣旗舰店还真是包含了被分析师

↑图 3-27　眠趣公司 *Logo* 墙

说烂了的“互联网思维”。

眠趣专注细分领域，不做整套床上用品，主打枕头。

其产品款式不多，但对客户需求挖得比较深——舒缓颈椎、止鼾、中老年、安睡等，精准而不多余。在中国医药界，最成功的营销案例是白加黑。它的功能跟一般的感冒药相差无几，它的高明之处就在于，将感冒药做成白片和黑片。白天白片，晚上黑片，颜色区分，功能区分，一炮打响品牌知名度，是一款真正从用户体验角度出发做的产品。

独特定位，做品牌溢价，用烂大街但挺有道理的比喻来说——中国的肉夹馍市场很大，性价比高，但是麦当劳不会跟它们搞竞争。一般做电商的，很容易陷入价格战。而眠趣旗舰店主打的是“产品功能”，包含了“科学研发”（而非制作）意味，从而有效将眠趣睡眠用品与其他枕头区隔开来，成功溢价。

雕爷曾评价裂帛“通过画面感找到了文本之源”，意指裂帛没有明确的Slogan，只通过画面，就打动了目标用户，摸到了他们的心灵深处。举这个例子，本人想说明的是，从某种意义上讲，眠趣旗舰店也达到了裂帛的境界。

在设计上，眠趣旗舰店的主色调是深蓝（当然，眠趣旗舰店已经修饰过文案，在这里，深蓝不叫深蓝，叫“月光蓝”）。这种特立独行的蓝色几乎能让人毫无悬念地联想到睡眠。同时，蓝色也是最具科技感的颜色——只要想想为什么所有“姨妈巾”广告里的液体都是蓝色的就知道了——而这种富含科技感的颜色，也正好迎合了科学、专业、功能型枕头的理念。

写到这里，你们以为我真的不吐槽了吗？Too Young Too Simple（太年轻，很傻很天真）。

首先，拳头产品的专业感的确很强，但是——很遗憾，作为一名非处女座，我都觉得有点不能忍了。这屏的产品里，只有“久坐，才能美臀”才是功能诉求，像“靠上，即被深深陷入，紧紧抱住”、“看一眼，就想戴在脖间”是要闹哪样？既然首页要打造专业感，建议产品文案一定要突出产品的功能。

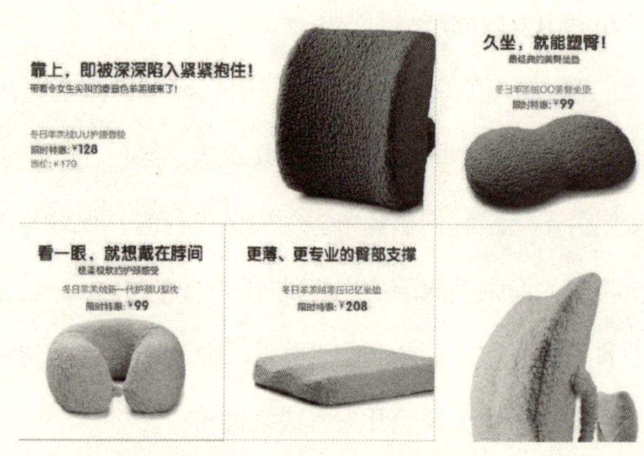

↑图 3–28　眠趣旗舰店首页部分产品

其次，“你一定没睡过”有点自顾自写的感觉，没有科技感，也没打出情感牌。

最后，我猜这名美工跟楼上蓝色系的设计师不是同一人，这几张 Banner 肯定是体育老师做的。

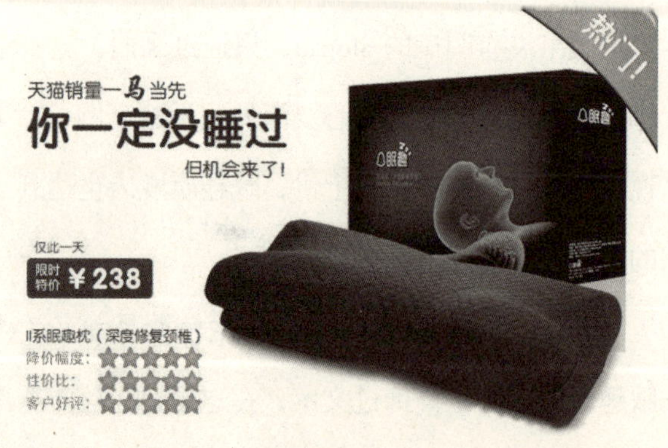

↑图 3–29　眠趣旗舰店热门产品广告图

当然，这些基本都是小瑕

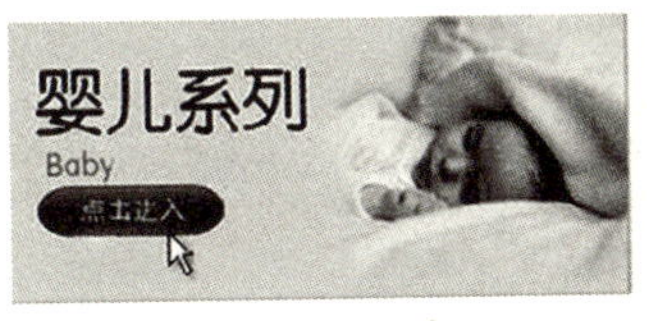

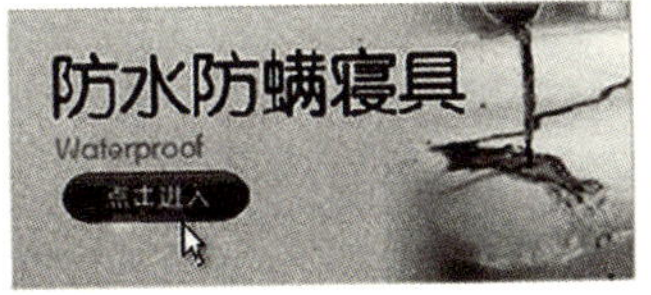

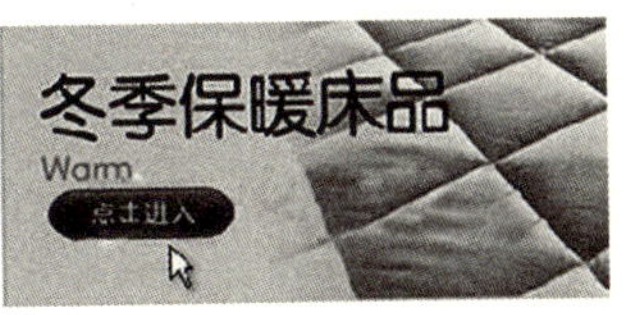

↑图 3-30　眠趣旗舰店产品导航图

疵，无伤整店大雅。不过，这时候还是得召唤出文案摇滚帮的建设性意见。

产品的理性诉求，从画面开始，就已经体现得无微不至了。所以，来点情感诉求，不说“我们是什么”，而是“你们用了眠趣后的感觉”，从心理上拉近和消费者的距离，并且让品牌更富有人文气息。

而情感诉求型文案的投放地点，建议设在详情页的页头。

方案一，催眠版：

倒数三二一……

好梦开始了。

方案二，节操版：

还是睡自己比较舒服。

方案三，诗兴大发版：

完整睡眠，不知东方之既白。

方案四，咆哮版：

深度睡眠？做梦！

有效改善颈椎，做梦中完成。

七嘴八舌，脑洞大开

郭楚舆：夜晚的呼吸，决定白天的你。

要疯的大丸子：美丽的一天从一个好梦开始。

饭较瘦：怎么就睡着了呢，下次一定要搞清楚！

乖，张！：1. 眠趣，是我写给周公最美的情书。2. 眠趣，重新定义睡眠质量！ 3. 爱上睡眠的乐趣，眠趣。

大河：1. 从今天起，感受每一个梦境的美好。2. 我的梦境管家。

希傲太：眠趣，重温妈妈臂弯的温柔宁静。

MessioD：眠趣，世界如此安静！

Chuny_GG：眠趣，此趣眠眠无绝期。

冯佩斐：“我最爱的运动是睡觉！”没错，有效改善颈椎，睡觉就能完成。

瘦皮球：1. 何苦辗转反侧，有它自然熟睡。2. 好梦，触枕可及。3. 激活你的睡眠细胞，从这一觉开始！ 4. 你的私人睡眠科学家。

饮粥思源：1. 孕妇腰腿枕——怀孕的压力，老公不能分担，眠趣可以。2. 中老年枕——眠趣，重返20岁的睡眠。3. U 型枕——开车的时候请不要使用眠趣，因为真的会睡着。4. 儿童枕——不输在起跑线上，真的从一个枕头开始。

评选你心中的最佳品牌建设方案

冰封の企鹅

现代人的亚健康问题越来越显著，对生活品质的要求也越来越高，而人的一生当中更有近三分之一的时间都在睡眠中度过。如此一来，如何能睡好就成了每个人都关心的问题。在这样的前提下，眠趣旗舰店要用最恰当的语言来告诉大家，我的枕头和一般的枕头是不一样的，眠趣旗舰店能带给消费者更好的睡眠体验和生活品质。因此，无论要怎么包装自己的产品，都必须先将自己的产品了解透彻，并通过图片和文字全方位展现自己产品的优势。

娆

我想说的是以下几点。

首先，人是21世纪最贵的东西，设计、文案、甜美客服，一个都不能少。

其次，每个季度搞次活动，先给点力度——对，就是直接降价，秒杀“神马”的形式随便用，每季度推出5款不同价位的让利产品。开店不是为了积累点击率，现在有微信、微博如此之多的宣传渠道，店铺掌柜已经不需要让消费者认识自己的店铺，重要的是要提高自己店铺的转化率。

最后，晒单。个性化的品牌就需要个性化的演绎，让大家在微博、微信里晒出自己购买的产品，再评个奖给大家，最后把优秀的买家秀设置在天猫店里，免费广告大片也有了……推广形式很多样啊！

好好学习天天向上尼

眠趣旗舰店或许可以试试在街头做这样的另类宣传：在喧闹的市中心，演员枕着眠趣的枕头，盖着眠趣的毯子，睡得十分香甜。枕头外形的人偶，配合着向围观的路人介绍眠趣旗舰店，甚至可以邀请顾客在现场体验眠趣旗舰店的产品，同时邀请一些媒体来报道此事。同时，再进行线上线下的配合，在眠趣旗舰店同时举办一些促销活动，向顾客提供申请免费试用的机会，让更多的用户来试用和购买眠趣产品。

麦穗儿

眠趣旗舰店首页的月光蓝、温暖米把颜色减法这一黄金定律运用得无懈可击，可是一系列不知所云的产品文案却又拖了整体的后腿。作为睡眠的必需品，宣传枕头时，无疑要把重点放在用户体验与情感诉求方面，例如“一生的三分之一，交给我，你放心”，类似的文案都可拉近与顾客的心理距离。想有好销路，先得打好情感牌。

小船

眠趣旗舰店整体蓝白的主色调在暗示了睡眠的同时，也凸显了科技感。个人认为，如果在首页添加安神助眠的音乐，可能会给顾客留下更好、更深刻的印象。而这样首页一旦给消费者留下了印象，消费者在浏览产品详情页的时候，就会不由自主地给产品镀上一层高大上的光环。

此外，好的口碑可以为商家省下不少广告成本，更好的用户体验就意味着更多的潜在客户。我认为眠趣旗舰店可以在宣传时凸显自己的产品给用户带来的实际效用，用晒单抽奖、买家感受分享等活动都可以强化潜在消费者对产品的认识。这样一来，眠趣旗舰店也就真正做到用体验和口碑来说话。

Olivia

做产品宣传需要紧跟大众视点，枕头也不例外。

户外真人秀作为近两年来关注度较高的娱乐节目，是一个很好的宣传平台。英菲尼迪汽车、凌渡汽车都因搭上了综艺节目这趟列车，被大众所熟知，知名度大大提升。如果赞助了户外真人秀，那么睡觉这个环节一定必不可少，眠趣大可借此进入广大观众的视野。试想，当清晨的第一缕阳光洒在国民小太阳钟汉良的脸和他的眠趣枕头上，此刻的画面只需要配上一句简单的台词——美丽的一天从一张好脸，噢不，从一个好梦开始——就可以融化粉丝们的心。各位妹纸们，如果不能收了钟汉良，那就收了眠趣枕头吧。

经眠趣旗舰店非常负责任地遴选，最佳品牌建设方案来自：
@冰封の企鹅！

营销推广：

网店运营三板斧

MINI Style：
像 MINI 一样搞营销

今日需求：不用破来破去，欣赏就好。

应用场景：MINI 中国官方微博

今天来跟大家分享一些我个人比较欣赏的关于汽车品牌 MINI 的营销案例，简直美如画。话说，所谓“美如画”，并非指其广告图片有多么精美，而是指图片与文字默契相融后的那一丝美妙的阅读体验。

以下是几组 MINI 中国官方微博上发布的广告。我们知道，在微博的呈现架构中，文字是先于图片映入眼帘的，扫描完文字后再点开大图几乎是人们刷微博时的固定流程。在这种情况下，一个产品经理的自我修养就显得格外重要，既要点到（没有人会想点击没有意思的图），又不能点透（也没有人想看自己已经猜到内容的图）。如果一定要打个比方的话，这就有点像与台风擦肩而过时的太阳雨。

不多说了，上图！

文案：@特斯拉中国，#BAZINGA#！。

↑图 4–1　*MINI* 中国官方微博借力特斯拉汽车营销

背景：2014 年 4 月 1 日，适逢愚人节，特斯拉汽车高调地以低价进军中国市场。

点评：Bazinga 是美剧《生活大爆炸》男主角谢尔顿的口头禅，意思是“逗你玩”，在美剧迷中非常火爆。MINI 中国官方微博借助愚人节打掩护，“双贱合一”，温柔地调戏了对手特斯拉一把。无论图片中的文案还是微博正文的文案，都透着一股顽皮劲儿，摆明着想告诉人们：特斯拉诚然是高大上的，但 MINI 骨子里却更有趣。

文案：如果 MINI 推出 MINI BATMAN 和 MINI SPIDERMAN，你更中意哪一款?

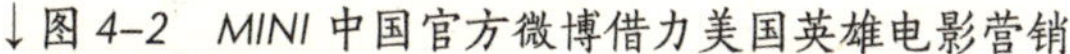
↓图 4-2　*MINI* 中国官方微博借力美国英雄电影营销

背景：其时，蝙蝠侠和蜘蛛侠系列电影几乎于同一档期在国内上映，选择看哪位英雄在大银幕前一展身手，一时间成了许多天秤座影迷的痛。

点评：乍一看，以为 MINI 要出两款新车了。但事实上，这只是对当时社会上流行话题的炒作而已。借题发挥，这是 MINI 中国官方微博的拿手好戏，不信继续往下看。

文案：卸下所有期盼，不必再做偶像或不死英雄。完成我的路，无论姿势与结果。

背景：2012 年伦敦奥运会，刘翔参加 110 米栏预赛。因为在跨栏时被绊倒，刘翔随即被淘汰，不过受伤的他依然坚

↑图 4-3　*MINI* 中国官方微博借力伦敦奥运会刘翔事件营销

持单脚跳到终点——他正是用这样的方式结束了自己的伦敦奥运会之旅。当天晚上，MINI 中国官方微博加班做出了这条微博。

点评：又一个佳作，MINI 中国官方微博成功找到了 MINI 品牌与刘翔奥运会事件之间契合的价值观，没有点破所指为何物，不用支付代言费，却可以白白占刘翔的便宜。

文案：不能对裁判说脏话？那 MINI 无话可说，各位自填。

背景：有着英国血统的 MINI 对伦敦奥运会很上心。在中国吊环名将陈一冰做出几乎完美的技术动作，却最终只被判获得亚军后，舆论哗然。MINI 中国官方微博再次借题发挥，刊登了一发“激动第一，比赛第二”系列的微博。

↓图 4-4 *MINI* 中国官方微博借力伦敦奥运会陈一冰事件营销

点评：由于车身形状的限制，美工无法还原与吊环有关的技术动作，文案因此加了个油，有效引导了读者对图文的理解。虽然没有吐任何脏字，却摆明了用人们习惯的那两句话表达了自己的情况，MINI 品牌敢爱敢恨的性情也得到了体现。

文案：# 贝克汉姆宣布退役 # 再见大卫，无论“黄金右脚”最后在哪里闪耀，你始终是英格兰的骄傲！

背景：2013年5月16日，38岁的“万人迷”大卫·贝

↑图 4-5　*MINI* 中国官方微博借力贝克汉姆退役营销

克汉姆宣布退役，从此世上再无销魂的“贝氏任意球”。苦逼[1]的文案和美工再次加班，赶出了这条微博。

点评：事实证明，“拖延症”与才能无关啊……美工将右前轮的轮毂染成了金色，配合文案“黄金右脚”的说明，可谓相得益彰。“无论在哪里闪耀，始终是英格兰的骄傲”，貌似还自夸了一把。

最后来总结一下吧。从这些案例中，我们可以从MINI中国官方微博的那位“段子手”身上学到不少有益的东西。想搞好营销，先做好以下功课。

首先，扩大知识面，把握流行文化。最好把你的知识面从一次元全面铺开到异次元，哪怕是以一目十行

[1] 苦逼：在网络用语中表示“无奈、痛苦，被逼无奈”的意思。——编者注

的方式，也要了解一下该次元当前的焦点话题，积累段子和素材。其实，MINI 中国官方微博还发布过一则关于“进击的巨人”的微博，文案同样是借题发挥，不过因为我不熟悉二次元，就没有收录……所以，扩大知识面很重要。

其次，操练语法和词汇量，充分驾驭文字。既要点到，又不能点透，这就要求文案具有很高的文字驾驭能力。汉语的语法很混乱，即便是常用词也会多到你挂在嘴边却想不起来，所以这种事情只能是业精于勤，靠天赋或者拖延症是没有用的。例如，你家门前有一棵枣树，你能不能分别用 4 个字、40 个字、140 个字来写三组不同的文案来形容它，而且每组文案使用的形容词还不带重复的？

再次，和美工搞好关系，建立默契。如果你觉得自己的修图技术不能秒杀那个美工，那么“搞基”也好，纯聊天也罢，一定要和你搭档的美工建立默契。这会让你们在加班赶工时事半功倍，如果一方不小心埋了个坑，另一方也能及时赶来擦屁股，说句么么哒。

最后，把握品牌和产品调性，人人都是品牌总监。如果不是该名营销人员对 MINI 品牌的精神（历史悠久、玩世不恭、百折不挠、不走寻常路）了如指掌，我们很难看到以上作品。你可以有自己的价值观，但在工作时，一定要满脑子都是甲方的价值观。

评选你心中的最佳品牌建设方案

尚善若水

MINI不缺文案，不缺创意，当然也不缺逼格。但同行英菲尼迪汽车的方式，也是可以借鉴和学习一下的。2013年之前，英菲尼迪仅属于中国豪车市场中的小众品牌。但之后，英菲尼迪赞助了“爸爸去哪儿”、“晓说”、“极速前进”几档收视率和网络点击率都很高的节目，邀请周迅担任“敢爱”系列形象大使，英菲尼迪也随之闯入大众视野。

当然英菲尼迪在赞助项目的选择上，也毫无疑问地挑选那些符合自己品牌形象的节目，对于“花儿与少年”的赞助邀约，英菲尼迪经过考量之后，还是选择了放弃。

在植入的方式上，英菲尼迪也并非在节目中生硬地加入品牌Logo的画面。在“爸爸去哪儿”中，用航拍的方式让车子更自然地融入到场景之中，使观看节目的观众对一排英菲尼迪汽车驶过山林之中的流线美念念难忘。这是高端品牌在广告植入时应有的水准。

★李大仙爱吃板栗

我就说一个日本MINI的营销案例吧，超赞的，以供大家鉴赏和学习。

日本每年都会颁发移动广告优秀作品奖，2012年获奖的作品是“MINI COUPÉ Hunting大作战”。这是一个类似捉迷藏的游戏，所有人都可以参加。参与者需要先下载一个App（Application，应用程序），可以在地图上看到猎物——也就是虚拟MINI COUPÉ的位置——如果你和虚拟MINI COUPÉ的距离在50米以内，就可以捕捉到它。如果你有幸捕捉到它，你就拥有了虚拟MINI COUPÉ，但也同时成为了猎物，其他人会想方设法来捕捉你手上的MINI COUPÉ。雷达就是参与者智能手机中的应用程序，各玩家通过GPS（全球定位系统）实时连接。这项活动历时9天，在9天中，这辆虚拟MINI COUPÉ多次易手，被人们抢来抢去。9天后，这项活动结束时，最终拥有虚拟MINI COUPÉ的玩家就可以得到一台真正的MINI COUPÉ！每天比赛的情况被拍摄成视频，在YouTube（美国知名视频网站）上播出，活动得到了空前的关注。

Sunarrow

MINI宣扬的产品理念一直是个性、有趣，所以它的目标受众主要是有思想的年轻人及部分活泼的中年人。那么问题来了，怎么搞定这类思想活跃的人群呢？

一个主要的切入点就是，向热点靠拢，对于要创意有创意、要逼格有逼格的MINI来说，这应该毫无难度。

另一个主要的切入点就在于个性。从个性这一角度来说，MINI已经做到了与众不同：不胜枚举的标准选择、种类繁多的可选配件，无时无刻不在彰显着个性化的品牌理念。我认为，如果能在个性化中增加用户体验的过程，将会给目标受众带来更多惊喜。试想，从配色到风格都出于你自己的设计，车身上的原创Logo也是你亲手喷绘，这样一辆定制车给你带来的满足感会不会爆表？

林夕

MINI在如今的高端小车市场上已经基本处于主导地位，它凭借自身独特的外观、英国式的尊贵气质，迅速获得了广大年轻一族的青睐。近年来MINI也不乏成功的营销案例，我想成功的主要原因是，迎合了目标受众的心理特征。你追求独特、个性，我就让你的车独一无二；你追求高逼格，我就让更多高逼格的人加入我的宣传队伍。可是在年轻人扎堆的网络平台方面，MINI的作为好像不是那么突出。如果能发挥微博大V（经过身份认证的微博意见领袖）的群众效应——比如让妞妞开 MINI 载着马建国兜风，定会引来无数围观。

你好傻帽

中国市场太大，各区域的经济发展水平也较不平衡，所以对于 MINI 来说，贯彻因地制宜这一原则显得很有必要。经济差异造成的地区间最显著的区别也许就是目标受众需求的差别。

比如说，在北京、上海等一线大都市生活的年轻人首要的追求可能就是跟上潮流，所以 MINI 要做的就是引领小车市场的潮流。我觉得，现在年轻人扎堆最多的地方除了微博网络热门话题，就得数各大潮趴、音乐节了。与其像大众汽车、英菲尼迪一样把钱砸在电视台，不如更加有的放矢地亲近顾客群，营造出“哪里有潮流，哪里就有 MINI”的感觉。终极目标是让 MINI 像潮牌时装和 iPhone 一样与年轻人紧密地联系在一起。

经 MINI——等等，这次文案摇滚帮居然没跟 MINI 中国官方微博合作！不过我们觉得 @Sunarrow 很不错，读者朋友们，你们觉得呢？

蓝莓，么么哒：佳沃食品如何利用热点

今日需求：卖水果也需要一个支点，怎么破？

使用场景：佳沃水果旗舰店

自本来生活网成功操盘褚橙后，褚橙、柳桃、潘苹果等中高端水果的市场也火了起来。今天，我们就要为联想集团旗下的佳沃水果旗舰店主推的一款高端蓝莓，量身定做一套营销方案。

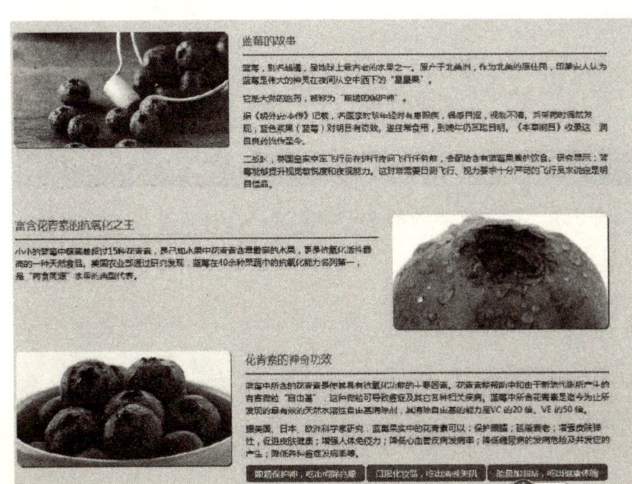

↑图 4–6　佳沃水果旗舰店主推蓝莓产品详情页①

名不见经传的产品和品牌，要如何打响知名度？我想，通过这样的网页设计应该没法让人信任并且购买吧？

点击“我要购买”，就只想问一句：亲是在逗我吗？528元一箱的价格，配上的竟然是这样的设计（见图4—7）？以及这样的设计（见图4—8）？

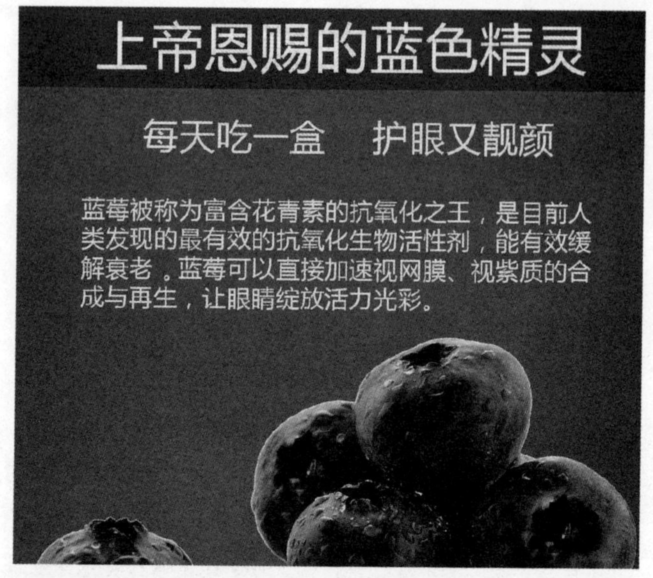

↑图 4-7　佳沃水果旗舰店主推蓝莓产品详情页②

浓浓的微软雅黑风留着做入门级PPT吧，不要出现在任何设计页面上!

这平铺直叙的文案，我想我还是不吐槽了吧。

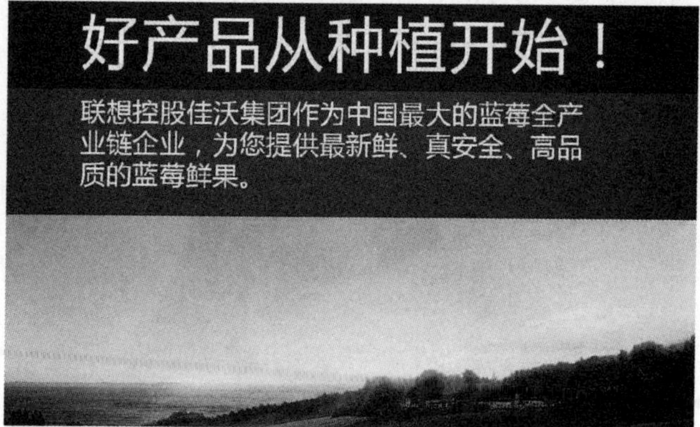

↑图 4-8　佳沃水果旗舰店主推蓝莓产品详情页③

在为某一件产品写文案前，必须查清产品的资料。蓝莓不比苹果、香蕉、梨子，不算是食用频率很高的水果，因此它的特性也不太被大家所了解。在网络上搜索“蓝莓”，出现的是一堆说明文字。鼠标滑下去，发现有可能作为文案的，只有保健功能中的眼睛保健和抗癌性。文化内涵呢？苹果与夏娃，苹果与牛顿，苹果与乔……哦，苹果已经被史蒂夫·乔布斯用掉了。而蓝莓呢？好像没有。

本人以为，将保健功能作为在产品详情页内部增光添彩的元素就可以了，主文案切不可以保健功能为基本立足点。否则近视眼吃了不近视了，瞎子吃了复明了，癌症晚期的吃了康复了……你当这是唐僧肉啊？

那么，跟蓝莓相关且没有被用掉的文化类的idea（主意、想法）有什么呢？要不试试电影领域吧？这时，王家卫戴着墨镜跳出来了——对了，怎能忘了《蓝莓之夜》呢？

从包装上看，这种蓝莓是以箱为单位售卖的，个人是万万吃不了这么多的，所以分享也是一个不错的Idea。

综上，系列文案是这样的——

和家人共享蓝莓之夜，

和朋友共享蓝莓之夜，

和恋人共享蓝莓之夜。

虽然简单，但是有种淡淡的浪漫感，又是谁说文案一定要节奏强劲、抢人眼球呢？

当然，考虑到曾经在中国上映的《蓝莓之夜》是中文配音版的，如果想要带有点外国情调与俏皮感的，可以把图片换成老外，文案也用译制片的风格——

嘿，伙计，不如来个蓝莓之夜吧。

褚橙的成功绝对是有借鉴意义的。虽然社会化营销的创意被褚橙用掉了，第二个用不如第一个用有效

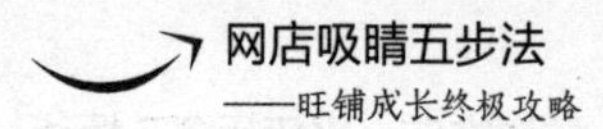

果，但做社会化营销，也总比干巴巴砸广告的效果来得好吧？

给不同的名人出不同款的包装，再花钱或刷人脉请大V转发，似乎是个不错的主意。于是，本人启动写轮眼[1]来一发，比如：

给叫兽易小星——我见过的光头导演里，你是最有才华的。

给罗永浩——给你一把锤子，你能撬起整个地球。

给韩寒——岳父，您老辛苦了。

给马伯庸——亲王，你的《古董局中局》真精彩。

……

大家自由发挥吧！

评选你心中的最佳品牌建设方案

Pii`

褚橙的成功不能复制，单是褚时健传奇的一生，就已经无可复制，更有众多企业家与“橙王”惺惺相惜。不过，成功虽然不能复制，但可以学习。除了利用橙王做活广告，

[1] 写轮眼是日本漫画《火影忍者》中宇智波一族成员的一种特殊技能。

褚橙的个性化定制包装也是其成功的最大功臣。

因此，佳沃水果旗舰店也可以在自己蓝莓产品的包装上下点功夫：丢掉一次性包装，将其换成可重复利用的收纳盒，并收纳盒上写上年轻标语、佳沃品牌 Logo 等。

还可以限量出售部分高端蓝莓产品，可用高端材料作为蓝莓产品包装的收纳盒，其成本甚至可以远高于蓝莓产品本身。此外，也可将这部分限量出售的蓝莓产品赠送给微博大 V。最近，王家卫也放下身段，开通了微博，要是能请逼格高的代言人王家卫先生发一条关于佳沃水果旗舰店的微博，这效果还用问吗？

窦泥丸

高端农产品近几年的发展可谓顺风顺水，各商业大佬都纷纷投身田间地头，养猪的养猪，种水果的种水果，最后的结果也都算成功。佳沃水果旗舰店主打的这一款高端蓝莓，一眼看上去确实高端——“白富美”的外形，饱满诱人的身段，当然，还有让屌丝流泪的价格。拿什么来支撑你的高价格，我的蓝莓？

对此，我的建议是跨界合作。对于名不见经传的佳沃水果旗舰店蓝莓来说，往影视方向发展，即可推出“蓝莓之夜”系列，往时尚界发展，则可推出施华洛世奇奢华系列……当然，这些都必须在条件允许的情况下才能实施。

顺丰优选为了在线下拉拢客流，于2014年展开了一系列大动作：第一，10吨荔枝免费送——上班高峰时段，在北京、上海、杭州等地的多个地铁站外向女性赠送岭南荔枝体验装；第二，在北京国贸等人流密集的商圈“栽”下一棵“荔枝树”，把刚刚空运到货的岭南荔枝挂上树，模拟它们在果园的状态，邀请过往行人来“采摘”最新鲜的岭南荔枝——这其实是对Slogan“荔枝刚刚离枝”的生动演绎；第三，与知名的有调性的餐厅合作，免费送女生荔枝。

于是那几天，满城都在说“顺丰在送荔枝”，这便是跨界营销带来的显著效果。东西虽在线上卖，但是活动和宣传，大可线上线下一起来。现在，佳沃蓝莓和顺丰优选也达成了合作，好的活动再来一次又何妨呢？

小_背包

靠卖相勾引消费者是十分必要的——在保证品质的前提下，有逼格的包装一定会让拿到货的消费者大呼值得。因此，佳沃水果旗舰店可以在外包装材料上大胆突破，采用牛皮纸、陶罐、瓷器等凸显产品高大上品质的包装。也可以在包装内附上有趣的卡片或手册，介绍佳沃水果旗舰店蓝莓产品的产地优势、食用价值，等等。

萤火之森

蓝莓本身就是一种贵族水果，让无数屌丝望而却步，可如果蓝莓可以作为屌丝给自己的男神、女神传情表意的媒介，那么屌丝的购买力也便不容小觑了。现如今，最个性化的产品当属私人订制类产品，佳沃水果旗舰店也可以开辟一条私人订制的道路：以蓝莓为重要意象编写各类暖心小文——电影《蓝莓之夜》就是一块很好的敲门砖，“我几乎用了一年的时间让自己来到这里，最后才发现，其实穿越这条马路并不是那么的难，只需要看街道的对面你在等着的是谁”——并针对不同的故事，搭配不同的包装，佳沃蓝莓就能一秒钟变身屌丝逆袭的必备佳品。

经佳沃水果旗舰店非常负责任地遴选，最佳品牌建设方案来自：
是 @ 窦泥丸，不是逗你玩！

世界杯都被玩坏了：Skullcandy 耳机如何借力世界杯

今日需求：想借力世界杯，怎么破？

使用场景：*Skullcandy* 官方旗舰店

2014 年，世界杯在千呼万唤声中终于驾到，随即也成为了市场营销的大狂欢。当人人都在觊觎这块 4 年一产的大蛋糕时，球迷的节日便难再单纯如初，已然一副被玩坏的节奏。但是绝大部分商户只限于在自己的店铺内简单贴上一张世界杯海报（别以为穿上马甲，我就不认识你了），至于优惠折扣，没有先涨后降已是业界良心。如何在千篇一律的广告浪潮中，唤醒视觉疲劳的钱包，只能麻烦你“大声点”了。

主营潮牌耳机的 Skullcandy 以骷髅头为 Logo，产品酷炫亮骚屌炸天，相信用街头潮牌、叛逆个性、朋克摇滚几个词来形容再合适不过了。Skullcandy 官方旗舰店产品的价格从 199 元到 2999 元不等，产品价格区间跨度非常大，因而在用户特性上也必然存在落差区分。俗话说得好，一寸逼格一寸金，寸金难买寸装逼。

好了，我们还是来看看品牌页面。

下图是 Skullcandy 官方旗舰店曾经的一张 Banner。迷彩耳机系列是 Skullcandy 官方旗舰店里一个特别有调性的系列。但是眼前这张 Banner，除了产品照片，没有任何中文信息。我读书少，你不要让我猜啊。

↑图 4–9　*Skullcandy 官方旗舰店首页 Banner ①*

为了迎合世界杯的氛围，Skullcandy 官方旗舰店首页同样更换了海报。

↑图 4–10　*Skullcandy 官方旗舰店首页 Banner ②*

这貌似是一幅不错的 Banner，将耳机与球场合体也是一个不错的创意。但是，为什么要一口气并排展示三个版图，是要连连看吗？设计雷同姑且不说，整幅 Banner 元素显然太过纷杂，空间也太过阻塞了。个人认为，原版单张海报加上鲜明的中文标语，便已足矣。

↑图 4–11　*Skullcandy 官方旗舰店首页 Banner 解决方案*

我带着自己特立独行的节操进入了世界杯专场，紧接着发现，好像什么奇怪的东西混进来了。

所谓世界杯专场，实际上指的是英格兰与德国等国家的定制款耳机。除了德国和法国两款配色错误之外，世界杯专场还设有牙买加定制款耳机。如果在边看世界杯边搭讪时说出“科比是冠军”而失去与

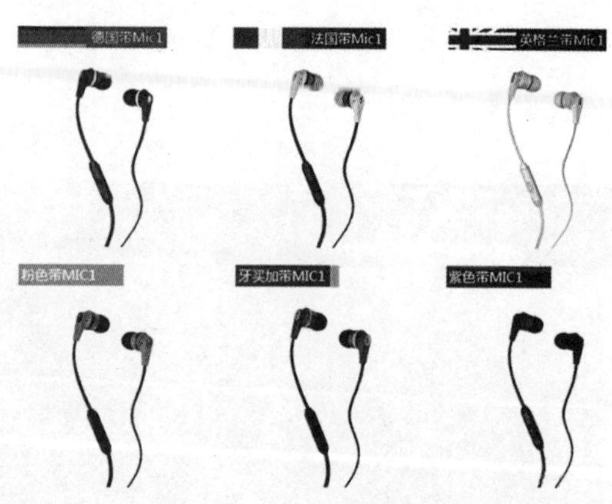

↑图 4–12　*Skullcandy 官方旗舰店世界杯专场产品图*

土豪做朋友的机会，到底谁负责啊？能不能给世界杯一个面子，拜托亲专业一点啊？世界杯专场，累觉不爱。

世界杯营销终究是一次特定的事件营销，需要特定的角色人物在这个高度曝光的顶级赛事中增进产品的曝光度，通过潮流明星、大牌球星的代言，或者依靠某个细小关联事件的意外走红，都可以被实现。对于潮流就是生命力的潮牌而言，尤为如此。我们可以回想一下，伦敦奥运会上孙杨等人的高调佩戴，为魔声耳机在我国激发的市场效应和用户认知。

所以，我们不妨来看看 Skullcandy 官方旗舰店在世界杯上可能存在的曝光点。

凯文·杜兰特，NBA 新生代球星当中的标志性人物——嗯，还是等他打赢了 NBA 总决赛再说吧。泰勒·斯威夫特，乡村音乐小天后——可是，你知道霉霉（泰勒·斯威夫特的昵称）的"黑粉"和男友群有多庞大吗？苏醒——等等，苏醒是谁啊，超级女声吗？

在星光璀璨的世界杯上，总是流传着这样的传说："平生不识巴神（意大利球星马里奥·巴洛特利）男，阅尽球赛亦枉然。"作为新近世界足坛最有才华的励志帝和段子手，巴神"绝壁（绝对）"是本届世界杯最为高大上的球星，没有之一。如果藐视众生的超级马里奥是 Skullcandy 官方旗舰店的拥趸，那 Skullcandy 官方旗舰店简直想不曝光都难。

七嘴八舌，脑洞大开

凯伦：1. 我听过米兰城迷离的时尚与巴黎城典雅的回响，此刻回到巴西，狂欢节潮动的旋律久久缠绕，可我听见更深处的呼唤。在球场的前方，在我截下球的一刻，我听见了世界的声音。2. 世界就在此刻，听从内心的节奏。

可乐冠美电商：每一次进球，只能用声音一起去沸腾！

林 Yeah！：2014 诸神之战，你，准备好了吗？万里中外，为你劈开连接障碍；尖峰时刻，细睿还原现场尖叫。Skullcandy，无视一切弱者。

叶素帆：我要的声音尽在我的耳机里，如影随行，不离不弃。

娆：Skullcandy，律动极限，没你不行。

所以，Skullcandy官方旗舰店的口号或许可以尝试这样："唤醒世界杯——天纵奇材，与神同步。"随机思考人生的巴神，你永远不会懂，但是Skullcandy官方旗舰店将是我等凡人与神同步的纽带。

或许你会说，巴神并不是Skullcandy官方旗舰店的代言明星，唯恐打擦边球丢了节操有风险，那么如果是早已签约的蒂亚戈·席尔瓦想必是妥妥的。而相比张扬外向的巴神，"弟媳"更为内敛低调，但却也后劲十足。两人合体则内外皆备，与耳机的产品特性契合一致。

↓图 4-13　*Skullcandy* 官方旗舰店世界杯巴西球星蒂亚戈·席尔瓦代言图

"弟媳"何许人，2014年世界杯东道主桑巴天团的Caption（标签），当世第一中卫，掌控攻防节奏的睿智神塔。同时，作为夺冠大热，巴西亦是高曝光的保证。

所以，我们的口号或许可以尝试这样："唤醒世界杯——桑巴节奏，由我来控。"

姑娘，我们一起去酒店看世界杯吧。

评选你心中的最佳品牌建设方案

浩亮

关于耳机的世界杯专场，我只想说几点，且只说思路，不涉及具体的展开过程。

首先，就策略方面，单独挑出英格兰和德国两支粉丝量较高的球队做专门化营销。

其次，参考耐克篮球明星系文案，分别写出英格兰的宣言和德国的宣言。模仿不要紧，重要的是要营造一种强大的气场，同时把所有卖点跟足球关联起来。

最后，促销。可以发出两条分别关于英格兰及德国两国足球队定制款耳机的微博或微信，说明哪条微博或微信的点赞人数多，就对哪款耳机做特价销售处理。也可以做英格兰与德国两国足球队的晋级庆祝价，并向两国球迷赠送礼包。

彭旭

听微信语音，听英语，听语音小说，听海哭的声音，现代人对耳机的需求非常大。而有巨大的需求，就会有巨大的市场，Skullcandy 与市场的交点就在此——新一代手机听音神器，手机市场有多宽，Skullcandy 的市场就有多广。

再细分下去，让我们把目光投向移动视频端。随着移动通信行业 4G 业务的推进与普及，流量资费将会越来越便宜，人们利用自己的碎片化时间看手机视频将成为常态。那时，将是手机听音神器的巅峰时刻。

移动互联网是趋势，用户在热议，商家在投入，移动端成为兵家必争之地，Skullcandy 应看到移动互联网和手机端的魔力，并努力与之联系、挂钩、匹配，借力发力，站在姚明的肩膀上灌篮。因此，我建议 Skullcandy 耳机将自己定位为“手机听音搭档”、“移动听音神器”，并通过不断宣传、暗示以及互动推广，树立 Skullcandy 耳机是手机听音设备不二之选的专业形象，契合手机听音设备的巨大市场需求。

再为 Skullcandy 官方旗舰店附赠几条优质文案——

带 Skullcandy 上路，听懂手机心声。

手机不甘沉默，Skullcandy 帮你聆听。

戴上 Skullcandy，卸下无聊。

手机最嗨音，Skullcandy 帮你听。

外表傲娇，内心律动；踏着节拍，从容漫步；我行我素，唯有我酷。

手机专业听音搭档，移动听音第一潮牌。

瘦皮球

如果仅仅是为了世界杯期间店铺后台数据好看，在现有的营销活动的基础上改良一下就好了，玩个“懂球好声音”，每天邀请各位亲竞猜第二天比赛的胜负或比分，猜对者即有机会享受限量秒杀价耳机。你也许会说，这跟我现在做的有毛区别？其实是有区别的，就像马克·吐温在《汤姆·索亚历险记》里说的那样：“他（汤姆·索亚）发现了人类行为的一大法则，自己还不知道——那就是，为了要使一个大人或小孩极想干某样事情，只要设法把那件事情弄得不易到手就行了。”

然而，作为一个国际大品牌，Skullcandy真的需要采纳这种建议吗？答案当然是否定的。在写下如下建议之前，我特地问过对耳机品类略知一二的朋友，他的忠告是：你给Skullcandy建议，就像晋江土老板告诉耐克要怎么做鞋一样——省省吧。于是，我带着消费耳机的心情开始浏览Skullcandy官方旗舰店的页面，并最终给出了如下建议。

Skullcandy是什么？时尚耳机！然后呢？不知道了。Skullcandy耳机可以专门针对发烧友，但也不应忘记普通消费者。看完Skullcandy官方旗舰店的产品详情页，作为一个对耳机一无所知却想买个好货的消费者，我多半会买铁三角什么的——我虽然不懂，但也是有逼格需求的，什么都不告诉我，我怎么去向周围的人展示我的高逼格？怎么去应对那些仗着自己懂一点就对别人品头论足的家伙？我又为什么要选择Skullcandy耳机？它为什么除了低频能在其他方面都完爆魔声耳机？当魔声耳机、铁三角耳机等对手都开始意识到这一点并开始在产品详情页里为消费者洗脑的时候，Skullcandy官方旗舰店是否也该有所思考呢？毕竟在这个“死忠”有限的电商时代，培育新粉已经越来越重要了。

另外，作为耳机潮牌，整个店铺的时尚感明显还是不够的。有人说，那其他竞争品牌的天猫店就有时尚感了吗？嗯，它们也没有，但它们却将自己的店铺做出了科技感。这也间接给Skullcandy官方旗舰店释放出一个信号——该把“潮牌”概念放大了！对于Skullcandy HESH2.0升级版二代这样的热卖单品，Skullcandy官方旗舰店也该在产品详情页里用应用场景代入感来教育消费者了。模特可以不露脸，但一定要告诉亲们——“选我，就是选潮流（所以说，现在产品详情页里那些小家子气的椅子，滚粗吧）！”

视觉建议？我就不献丑了，连Hardly Ever's这种服装淘品牌都知道怎么做，Skullcandy官方旗舰店自然更不在话下了。

无论什么品牌，运营的时候都必须问自己两个终极问题：你要卖什么？你要给予消费者什么？以上种种，即是围绕这两点展开。也许我谈到的比较肤浅，但的确是发自肺腑，希望能帮助到Skullcand官方旗舰店更多。

靖靖靖雯

首先，把店铺VI（Visual Identity，视觉识别系统）统一化。比如说，为产品详情页制定模版，制定好模版后，同类产品可以套用模版。

其次，建议不要用模版式分割图在首页展示产品，一个产品接一个产品表现最好。可以结合几何图形来设计，现在很流行镜面设计效果，可以尝试一下。此外，可以将产品当成各国球员来进行PK（Player Killing，对决），页面设计也由此出发。

再次，借势，内页包装可以用球星佩戴同款产品作为卖点，满足客人的少许虚荣心理。同时在微信、微博平台发起明星同款话题，并且举办活动吸引粉丝互动乃至晒图。

最后，多思考消费者戴耳机时会遇到的问题，为消费者解决问题，并将解决的结果放在店铺首页，以增加消费者对产品的共鸣与认同感。

经Skullcandy官方旗舰店非常负责任地遴选，最佳品牌建设方案来自：

本人再也不想见到的@瘦皮球。

其他人A ZA！ A ZA！ FIGHTING！（加油、加油，再加油）！

逼格越级：

价值观决定品牌高度

画面太美我不敢看：蒙特布鲁斯，做更有气质的男包店

今日需求：除了用“尊贵”、“奢华”这样的形容词，还能怎么高大上？

使用场景：蒙特布鲁斯旗舰店

作为源自佛罗伦萨的男包品牌，诸如意大利、传统手工、进口牛皮之类的词语应当是其形象外化的关键词，加上耐人寻味的品牌名，蒙特布鲁斯旗舰店似乎在试图还原20世纪的美学与人文情怀。

好了，醒一醒，我们先来感受一下蒙特布鲁斯旗舰店的页面表现。

蒙特布鲁斯旗舰店的首页一黑到底，很好地简化剔除了除产品之外的其他干扰元素，整体表现低调中显得精致，沉稳不失大气，契合商务男性对手包的审美诉求——嗯，想想都有点人生巅峰的激爽手感呢。但是，

↑图 5–1　蒙特布鲁斯旗舰店首页 Banner ①

首页 Banner 是什么情况？为什么区区 6 个字的标题有 3 种字号啊，这种阶梯感是要执着地和右侧提包的位置保持同步吗？还有那刺眼突兀的血拼价 329，让人根本无暇顾及豪车、巨钻、靓包，脑海中隐隐浮现出电视购物的画面——现在打入电话只要 329，没错，只要 329。

如果你觉得电视购物的既视感还不够深刻，那么请锁定下面这个频道。

领优惠券立减50元
前10名送29元卡包1个

↑图 5–2　蒙特布鲁斯旗舰店首页 Banner ②

他们这样——

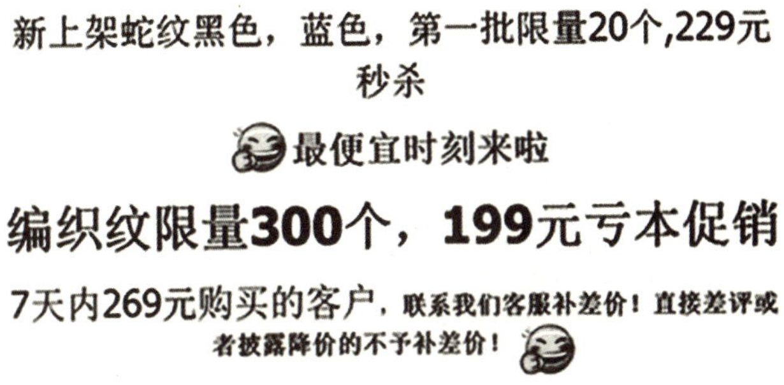

新上架蛇纹黑色，蓝色，第一批限量20个,229元
秒杀
最便宜时刻来啦
编织纹限量300个，199元亏本促销
7天内269元购买的客户，联系我们客服补差价！直接差评或者披露降价的不予补差价！

↑图 5-3　蒙特布鲁斯旗舰店某款产品的产品详情页①

这样——

亏本价仅此一次错过不再来！
专柜价：769元
体验价：269元
体验价:269元
活动结束
马上涨价
活动价：199元
西班牙进口优质头层牛皮
优雅真皮编织工艺
大容量 多功能设计
注意：此次只卖199元，就是让更多的顾客见证我们的品质！

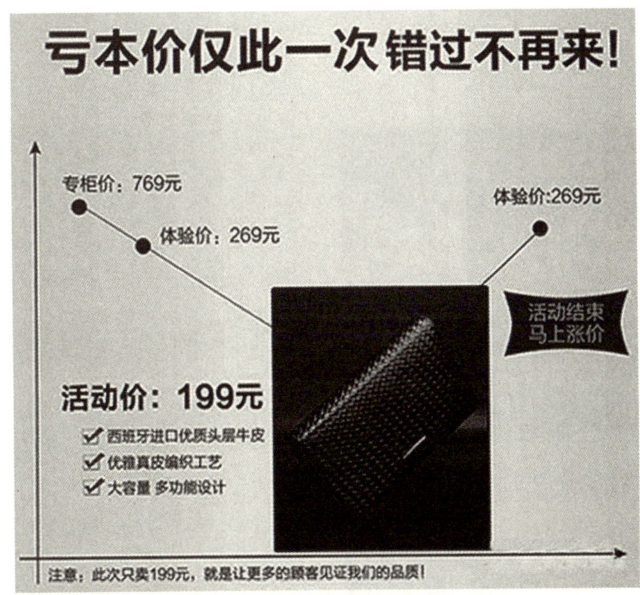

↑图 5-4　蒙特布鲁斯旗舰店某款产品的产品详情页②

这样——

↑图 5–5　蒙特布鲁斯旗舰店某款产品的产品详情页③

还有这样——

↑图 5–6　蒙特布鲁斯旗舰店某款产品的产品详情页④

说好的奢华品质、王者风范呢？品牌逼格的打造和维护需要诸多因素合力实现，真是一秒都不能放松呀，品牌君！所以，设计师你过来，我保证不拍死你。

就品牌文案而言，蒙特布鲁斯旗舰店并没有太过明显的致命硬伤，当然，除了层出不穷的“奢华”、“完美”、“非凡”、“王者”、“尊贵”有些肥腻，下咽不易，很难消化。

↑图 5–7　蒙特布鲁斯旗舰店某款产品的产品包装文案

作为男性魅力的外化和衍生，除去品牌附加值，手包产品的核心卖点无非是工艺与材质的高低优劣。个人拙见，相比固化的材质皮料而言，技艺傍身的匠人及其技艺才是赋予原材新生，灌注器物灵魂的内核原力，也是区分传统手工作坊与工业化流水线的那一条金线。而器物之美透出的匠心之灵，人与自然的物我共生，或许正是经历过物质充盈的吾辈如此痴迷于传统手作背后的原因。

所以，在文案表述上，我们可以暂时脱离奢华之风的桎梏，尝试着通过描绘器物之上的匠人情怀，展现出产品的生命力。

复古匠心，

翡冷翠的日与夜，

文艺复兴的智慧之光，

美感，色彩，光泽，

匠人指尖的摩挲细语，

是时间的纹理，线条的温度，

还有托斯卡纳艳阳下，灵性的诗意。

七嘴八舌，脑洞大开

未末（Noend）：享受极简精致，缔造完美绅士。

大鱼：不含糊，不浮夸，蒙特布鲁斯——慢慢被理解的奢华。

你们涵哥：1. 男人的掌心，除了女人的纤手，就只配得上一个好包了。2. 摩挲，娇柔，缠绵，然后钟爱一生。蒙特布鲁斯，掌心上的情人。

李强：峥嵘岁月，伴我前行。编织纹理美学，触摸世界，它是我的私人商务仓。

苏李谊谊：责任，只有真男人才能领会。那是母亲编织的毛衣，那是父亲的草帽檐，那是她的马尾，那是蒙特布鲁斯编织皮包——勉励我自强不息。

望春风：沉稳，源自内心的强大。从容的背后，是极致的自信。让你的节奏，成为众人的节奏。这一刻，领御巅峰人生。

彭旭：1. 不爱吹牛，因为用了牛的皮。只卖高端，所以鹤立鸡群。2. 好包如好刀，行走江湖，高品位是最称手的兵器。

木子：品位是一种高明的炫耀——路易十四的牛皮救赎失落的男性魅力，中世纪的巴洛克唤醒了纯手工工匠精神，就连佛罗伦萨的月光也让男人强势回归，让女人自投罗网。

评选你心中的最佳品牌建设方案

笨笨的蛋

这次我也来全开吐槽模式。

首先要说的是品牌名。要说起“蒙特……”，我就想起了多特蒙德——曾经的德甲老二，蒙特利尔——加拿大著名的工业城市，或者《布鲁诺》——美国重口味喜剧片，但就是想不起意大利啊！拜托，想和意大利联系起来，就得和艺术沾边啊。××芬奇啊，××朗基罗啊，××斐尔……哦对，品牌名已经改不了了。

其次，我们再来看看品牌商标。蒙特布鲁斯品牌的商标很像阿玛尼，这是在明明白白地告诉人家“我假冒名牌，我瞎仿制”吗？稍微识货点的人，谁敢带出去丢人现眼啊？

最后，我们来重点看看产品配图。

我说敢再多加点高光吗？那照片拍的，我真心不想多吐槽了，整一个塑料质感，敢不敢再廉价点？做皮包就做皮包吧，非得说编织质感。那是质感吗？那是低价劣质感。

我们再说说产品配图的构图。营销从来都是讲求感情的，可是拜托，就算没感情，也不必用那么多花花绿绿的卡去跟那低调奢华有内涵的高端钱包争抢消费者的注意力吧？大客户的卡好像都是黑色的，蒙特布鲁斯旗舰店用这些花花绿绿的卡片又是在暗示“神马”啊？只有场景是情感的体现，好的营销都必须借助场景。可是几个老头儿坐在沙发上就是场景吗？钱包在屁股底下？首页的那几个模特又是“神马”呀，卖西装还是围巾？模特是这么用的吗？

综上，我真的想问一句：你们有专职的店铺运营吗？花800块钱请的临时工吧？如果由我来运营蒙特布鲁斯旗舰店的话，起码会在页面上设置如下照片：或者是中年绅士轻轻从上装口袋中拿出蒙特布鲁斯钱包，不带一点羞涩；或者是大气矮胖的富豪，一手雪茄，一手拿出那高端大气上档次的蒙特布鲁斯钱包，再用蒲扇大手给小费。要注意在图片中清楚明白地表达出富豪的眼神、保镖或者司机的表情，还有身边兔女郎的媚态。不用问，“土豪们”肯定又要下手了。

观锦

我不吐槽了，早就槽碎人亡了，就说几个能够帮助蒙特布鲁斯旗舰店改进和拉升逼格的法子吧。

其一，文案字号大小、颜色、排版，尽量做到协调。

其二，慎重使用表情。

其三，不要穿插那些随处可见的促销话语。

其四，更换产品详情页的背景图片，不必将产品调得过亮。

最后，送一句文案给蒙特布鲁斯旗舰店——

远离铜臭，细节体现生活态度；抛却低俗，温文尔雅。

滚烫的白菜

说两个关键点。

首先，蒙特布鲁斯旗舰店的整体页面在图文表现上没什么大的硬伤，就是部分促销信息拉低了产品形象。或许蒙特布鲁斯旗舰店认为，促销信息就是要简洁明了，但这样的信息似乎很难与产品及品牌形象兼容。因此，我在这里撰写了几句既表现促销，又拉升逼格的文案。不绕弯子，直接抛砖。

夏天促销主题——温度再高，价格不高。

日常促销主题——不是只有情人节才是表达爱意的日子。

节日促销主题——爱他，就送他蒙特布鲁斯。

此外，在产品配图方面，考虑在主体页面色调的基础上，配合促销主题，醒目地传达产品信息。

其次，考虑到蒙特布鲁斯产品主要面对的是易于接受新事物的职场中阶男士（由于有时，女性在很大程度上承担起为男性购买包包的重任，所以在节假日等促销中，蒙特布鲁斯旗舰店宜以女性为对象进行诉求），男性购物比较理性，重实用性，除了在购买汽车、房子等大件上费时较多，其余购物费时较少。所以，在产品展示上宜简洁明了，以结合产品的材质、工艺、作用等产品优势活化产品，让产品有生命力，有温度。单纯强调商务会使产品具有一定的局限性，从而影响后续产品线的推新。蒙特布鲁斯旗舰店可以根据消费者的需求，将产品做成不同系列，如优雅绅士、时尚先生、铁血硬汉、翩翩少年等。

最后，以三句文案结束我的店铺运营规划。

铁血硬汉系列——有情岁月里，有蒙特布鲁斯相携相伴。

优雅绅士系列——以精湛工艺对抗时间，无法淡去的优雅。

时尚先生系列——千年意大利工匠手工刻画，一包尽享。

Emilie

我个人认为，可以从以下几方面包装蒙特布鲁斯男包：

首先，可以从蒙特布鲁斯男包的外形以及适用人群方面入手，从产品自身的奢华本质入手，限定使用人群，满足消费者的虚荣心理。

其次，从实用性方面入手，强调男包的容量，比方说是否能容纳 iPad，夹层是否能容纳手机，等等。

再次，从耐用性方面入手。包包的材质是消费者最先关注的点，因此可以突出包包皮质的耐磨和实用，以及拉锁的润滑。

最后，从消费者心理角度入手。现在有很多女士都乐于给自己的男朋友或者老公买包，因此可以将产品包装成女人理想的产品，再加入一些场景化的描述，从消费者心理入手，推进购买行为的完成。例如，夏天和女生逛街时，男生的包能否可以盛放女生的伞或者防晒服？用蒙特布鲁斯男包打造出最轻松的逛街模式。

土豆

我仔细浏览了蒙特布鲁斯旗舰店，整个店铺的风格还是比较统一的，但如果要精益求精的话，蒙特布鲁斯旗舰店还是存在以下两点问题。

首先，产品包装文案依旧存在问题。一方面，相对来说，文案要比设计更能准确地传达产品特征，而现在的产品文案则缺乏人情味、亲和力和生命力。另一方面，整体文案对产品的展示力度也不够全面，有些羞于示人的感觉。

对此，我给出的文案是：

标题——复古匠心，时尚精神。

首页 Banner 文案——用复古精神，做最时尚的包。

工艺篇——指尖功夫，针线穿行的灵感。

客群篇——当打之年，蒙特布鲁斯为你加冕，沉稳中包裹着果敢的心。

守拙求真，向意式手工找寻智慧能量。

其次，就是画面问题。不错，产品的高大上形象是展示出来了，但是比较僵硬。蒙特布鲁斯旗舰店把所有的产品往页面上一放，一副爱买不买的样子，太过高冷了。之所以说整个页面缺少点人情味，也就是这个原因。我建议，用场景图展示产品。有画面，再配合文案，产品不就活了吗？

经蒙特布鲁斯旗舰店非常负责任地遴选，最佳品牌建设方案来自：@ 笨笨的蛋、@ 滚烫的白菜以及 @ 土豆！

有文化，得永生：香楠食品巧借禅文化

今日需求：想做一款高尚的月饼，纯粹的月饼，有道德的月饼，脱离了低级趣味的月饼，怎么破？

使用场景：香楠食品旗舰店

要做一款脱离了低级趣味的月饼，除了避开“人中处女（处女座的朋友们，我不是故意的），饼中五仁”之外，还有什么办法呢？

我们可以从产品的概念和视觉包装入手。在概念角度切入，我们可以有很多维度可以选择。比如从年龄定位上分，可以是给年轻人吃的月饼；从口味上分，可以是辣味月饼；从形状上，可以是动物形状的月饼；从原料上分，可以是加了酒精的月饼。当然，我没有考察过市场，刚刚只是随意 YY（意淫）而已。有了这样一

个区隔于同行的概念，再进行视觉的打造与深化。

香楠食品旗舰店提出的概念是“茶食月饼”，一方面注重从健康角度——低脂、低糖——来塑造自家月饼的形象，而另一方面简化味道，简化包装，云清风淡，从而将香楠茶食月饼与“禅”联系起来。

冷静、空灵、高冷，给人一种烟雾马上要升腾起来的感觉。把禅视觉化的话，大抵就是这样的。

↑图 5-8　香楠茶食月饼产品及外包装①

总体来说，香楠茶食月饼的概念切入和视觉表达还是很到位的。当然，槽点也不是没有。看，这个背景色，不仅没有禅意，而且给人一种脏兮兮的感觉，逼格全无，

↑图 5-9　香楠茶食月饼产品及外包装②

还不如全黑或者纯白背景呢。

再来看文案。香楠茶食月饼主打的月饼系列产品

↑图 5–10　香楠茶食月饼宣传视频

的首页，竟然是这样的。

视频里的文案是“轻食，香楠月饼”。虽然从概念上是讲得通的，但“轻食”显然不够有冲击力啊！

另外，“吃，有料的月饼；过，不腻的中秋”一句，不仅冗长，而且问题重重：首先，写出“有料”这个点，到底想闹哪样？论有料，哪款月饼拼得过五仁？后半句

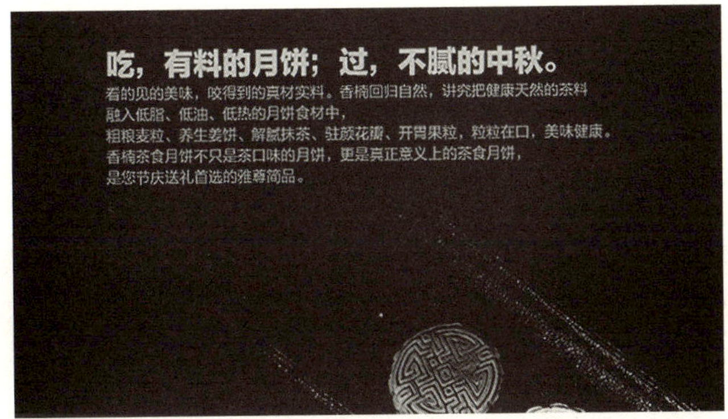

↑图 5–11　香楠茶食月饼产品包装文案

七嘴八舌，脑洞大开

观锦：品香茗，食香楠，赏明月，度中秋。

罗浩成：一禅一月一中秋，忘却五味杂陈，回归自然本真茶食新味。低糖不腻，唇齿淡雅生香。谈笑间，享尽月满人生清于心。简于形香楠月饼，与你共“禅”娟。

Jane 张小懵：1. 香入髓，楠做骨，一口禅滋味——香楠月饼。2. 淡泊清雅禅茶一味，蕴香妙心香楠中秋。

梦之南：月满，喜上树头，银盘辉九州，人约黄昏后。月缺，他乡残照，今夕何夕，谁拨离人愁？道不完中秋离合，尝不够世间滋味，有料有情有味，香楠月饼！

"过，不腻的春秋"倒是还能表达出一些产品的特性，但还是显然不够有冲击力啊！

既然以禅的概念切入，那还不如以"禅"为创意"G点"，撸一把文案呢。

香楠，禅味中秋。

淡然、适度，禅的精髓。

香楠月饼，平衡口感与健康，剔除油腻，低热低糖，回归自然，于淡雅中品尝真实和厚重。

这个中秋，和禅悠然对坐。

在产品详情页下方，香楠食品旗舰店则可以展开篇幅来进行描写，具体可以从色香味三个维度来写，每个维度都把"禅"结合进去。或者把中医拉进来，搞个"望闻问切"主题，再加点中医中健康的概念，一张完整的页面就炼成了。

Mr.X：楠木飘香，心绪芬芳。禅意悠悠，君复何求？古道茶味，解我心忧。天上玉盘，月下中秋。

望春风：1. 悦团圆时刻，品清雅中秋。2. 中秋，人团圆，茶意浓。3. 香楠茶食月饼，将天然茶料融入低脂低糖的月饼食材，拒绝油腻，回归传统，精选粗粮麦料、养生姜饼、解腻抹茶、驻颜花瓣、开胃果粒5种口味，味美健康，透过新清茶意传递浓情关怀。4. 月圆，饼香，亲人相伴，过一个悠然的中秋。

未末（Noend）：悠然细腻，细品慢尝。掬一把清亮月光，伴你唇齿留香——香楠月饼，陪伴你的陪伴。

评选你心中的最佳品牌建设方案

刘思诚

立足产品，香楠食品旗舰店可以对香楠茶食月饼所使用的茶进行介绍，再进一步对用料的民俗寓意进行阐释。禅与适度、静心、修为等紧密相连，是一个很棒的概念。但我同时也觉得，硬把禅与月饼联系在一起，有些牵强。

茶食是这款月饼的特色，但它必须先是月饼，再是茶食月饼，不能牵强附会，扣大帽子。我认为，不如以团圆为主题来进行包装，那些不能回家的人对家乡和亲人的思念有点苦涩，却充满回味、回忆和思考，不正是茶的味道吗？

滚烫的白菜

看了香楠食品旗舰店网页，我有两点不吐不快。

其一，香楠食品旗舰店首页初看还是有点茶食的感觉的，品质感也还不错，可怎么越往下拉越有点草草了事的感觉？我个人建议，香楠食品旗舰店还是要统一页面的风格及色调，选用偏深色系做背景色，再根据文案主题搭配使用同色系的画面元素，将高端大气、低调朴实的质感坚持到底。

其二，在文案包装方面，香楠食品旗舰店做的还远远不够，对茶食、轻食的概念没有做清晰传达。因此，本人在这里奉上“后宫佳丽”若干，任君挑选。

描述香楠茶食月饼食材低糖低脂：主标——人间有味是清欢；内文——用最简单纯粹的风味，说最深刻的情感。裹藏土地殷殷祝福，保持着食材味觉完整性，静心烘培出这款月饼，敬献这一方水土，敬献这温厚的大地，敬献人间所有美好团圆！

从食材做工反映糕点的健康：主标——用朴实的心，做健康糕点；内文——食不厌精的年代，我们返璞归真，向粗茶淡饭的饮食智慧找寻灵感。从面粉、油、馅料开始仔细甄选，用初心做好糕点。

以上从文案方面展示产品的主要卖点，里面融合了一些产品的文化理念，如若搭配适当的画面，产品展示会更出彩。

土豆

首先，香楠食品旗舰店页面风格不统一，建议多学习台湾掌生谷粒官方网站的页面。同样是倡导慢生活和健康饮食的，无论是文案还是设计，台湾掌生谷粒官方网站都有值得借鉴的地方。根据文案，香楠食品旗舰店可多选择一些与产品倡导理念相关的食材来充实产品配图，青花瓷碗碟、古典木箸等画面元素都可以使用。

其次，文案展示不足，香楠食品旗舰店没有从产品理念、味道、口感、原料、加工等方面展示产品内涵。现有文案表述太干巴，缺乏人文色彩与亲切感。

我在这里给出我自己的文案解决方案。

味道限量的滋味，不限量的回忆——为该句文案配一张一家三口围坐在木桌旁享用香楠茶食月饼的侧影图片。

健康低脂淡雅、清口、留香，就像幽幽禅意——为该句文案配一张摆放香楠茶食月饼的檀木桌的图片。

慢慢做的月饼，细细品的生活——为该句文案配一张一个文艺女子或汉子在享用香楠茶食月饼的图片。

“轻茶食，慢生活”或者“细品茶食，静思生活”——这可以做香楠食品旗舰店的 Slogan。

Emilie

何为禅意？禅意人生是一种人生境界，是一个人对待生活的态度，往往在一个人遭遇了艰难困苦并且终于懂得随遇而安之后，才会真正领悟。戒贪心，戒妄心，心境如明，这就是禅意。

想要赋予月饼以禅意，首先就要在包装上做文章。禅意的包装追求的是简单和洗尽铅华，运用简单的色调，营造出别样的淡雅清新。

其次，要在味道上做文章。一方面，禅讲究的是心无旁骛，所以在味道上，香楠茶食月饼也要回归到最自然和最本真的状态。对此，香楠食品旗舰店可以适时讲一讲香楠茶食月饼的用料以及工艺，重点突出天然、纯手工等。而另一方面，许多身在异乡的儿女会购买月饼送给他们远在家乡的亲人，尤其是老人。香楠食品旗舰店向消费者展现香楠茶食月饼的用料及工艺，突出产品低糖、低脂的健康理念，使其更适合成为赠送老人的中秋佳品。

再次，注意营造氛围。禅的一种重要的含义是回归，而中秋的主题是回家，我们因而可以说“品的是禅意，念的是故乡”，或者说“禅的味道更像是故乡的味道”。很多回不了家的人，都可以通过品禅意来思故乡。

小鱼儿

除了产品与广告，本人觉得做公益活动也是很好的宣传。给贫困山区或者贫困家庭送健康月饼，有容乃大，人月团圆，才是禅的境意。

经香楠食品旗舰店非常负责任地遴选，最佳品牌建设方案来自：
@滚烫的白菜！

高冷地喝豆浆：九阳、韩寒联合升逼格

今日需求：要把现代化全自动九阳 *One Cup* 随饮机和中国文化扯上关系，怎么破？

使用场景：天猫九阳官方旗舰店

本款九阳豆浆机与韩寒主编的“一个”合作，因此被命名为“One Cup”。

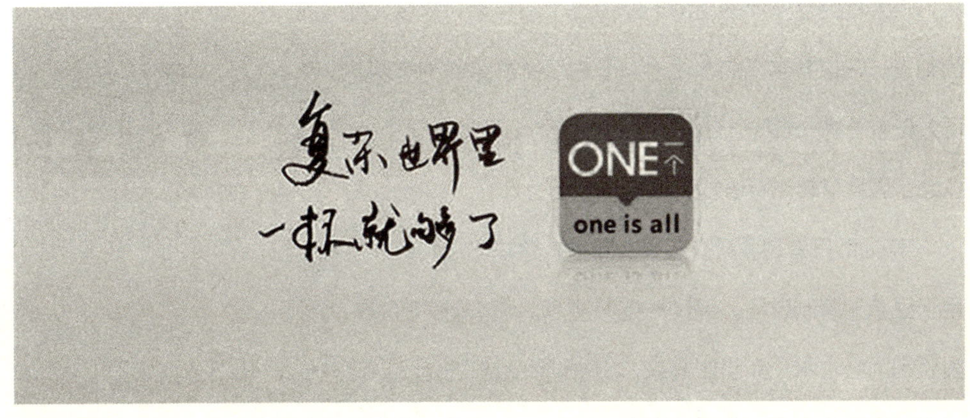

↑图 *5–12* “一个” *One Cup* 广告

对于一台具有未来感的高科技设备，如果再赋予它历史文化的厚重感，是否会提升一下逼格？

对，你喝的不是豆浆，而是人（jì）文（mò）。

中国人的精神世界里始终萦绕着关乎转化的终极命题，在人与自然物我合一的历史诗篇中，用东方智慧书写而成的美食清单变得无比丰满，诠释着无尽的可能。

尚是破晓时分，刘安便已从寿春的官邸出发，一路向北，跋涉前往八公山。在那里，他将为母亲磨制豆浆，然后开始一天的修仙课程。

大豆，是中华文明赖以延续的传统五谷食材之一。在中国几千年的农耕史中，廉价的大豆是人体所需的植物蛋白的主要来源。淮河流域肥沃的冲积平原，温润的季风气候，让大豆得以在此传种繁衍，并长得圆润饱满，质朴固实。在金黄明亮的色泽里，流淌着一个古老民族的坚忍与勤奋。

作为淮河两岸的必备食材，大豆的烹饪在民间流传已久，在寿春经营多年的皇裔刘家更是个中高手。承袭父业的刘安，在这方丰饶的水土上，印刻了属于自己的鲜明印记。母亲患病的机缘，让涉猎广博、才情纵横的一隅领主，体会了因食材转化所迸发的欣喜与惊叹。

修仙炼丹者需要具有超强的耐性，这样的法则同样适用于豆浆的磨制过程。经过一夜的浸泡，原本硬实圆滑的大豆因为吸收水分而膨胀开来，山中清冽沁鼻的空气，让胶体外膜软化有度。此时的大豆，悄无声息地完成了石磨化浆之前最后的酝酿。随后，松软厚实的大豆在周而复始的石磨碾压下，经过与空气的充分接触，尽情释放着蛋白质。

在中国人的烹饪美学里，水永远是将食材内在魅力无限催发的一剂奇妙的变量。在这一点上，仙风氤氲中的八公山无疑将这份神奇推向了极致。山间林密，名泉深隐其中，水质澄清味甘且终年不竭。以山泉细磨，则浆质均匀绵柔，细腻醇香。石磨的运转力度，注水的时机量度，决定着豆浆的质地与口感。在平衡与分寸的拿捏上，经验显得至关重要。两片磨扇齿纹的咬合相错，孕育了千年的生命力，一如那林间野芳，恣意绽放而来。

滤渣工序将涩口难消的纤维素与杂质分离出去，只保留绵润爽滑的舌尖质感。暴露在空气中的大豆蛋白，不可避免地面临酸败变质的危险。因而在两个时辰之内，磨制初生的豆浆将会被送往寿春的淮南王府。在奉上案几之前，豆浆尚需充分加热，避免造成“假沸”的错觉，保证饮用足够安全。

平淡无奇的食材在转化中得以升华，变得弥足珍贵。辛苦的劳作、慈孝的长幼所衍生的幸福感，从来即是中华千年美食文化流传至今的精神归宿。

杯盏琼浆，冷暖自知。

刘母：“一杯豆浆而已，你敢不敢再复杂一点？”

高逼格软文撸好了，再来看看给九阳 One Cup 随饮机写的文案吧。如下图海报所示，30 秒冲泡是个卖点。

因此，可以再次利用30秒实现历史文化和现代科技的完美结合。

30秒：2000年舌尖传奇，一杯快进。

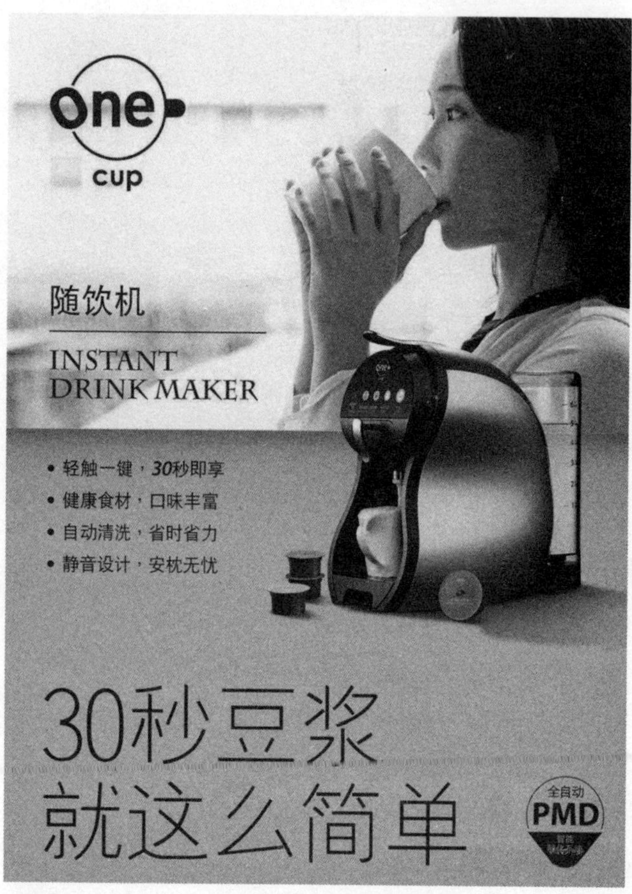

↑图 5-13 九阳 One Cup 随饮机官方推介海报

七嘴八舌，脑洞大开

凯伦：翻一页书，为晨起犒劳一杯温暖的豆浆。

梦之南：30秒，舌头就和One Cup好上了，朋友，能饮一杯吗？

彭旭：很抱歉，用了30秒才为您奉上原味豆浆，我们还要再努力。

笑笑生：最接近的时候，我跟她之间的距离只有0.01厘米，我对她一无所知。30秒之后，我爱上了她。

兜兜有糖：享"瘦"健康的时间，30秒就够了。

严晓龙：黄豆一夜的酝酿，浓缩成清晨的一杯浓香。九阳One Cup随饮机，每天随心饮一杯。

大黑：30秒可以做什么？30秒可以道个早安，30秒可以整理忧伤，30秒可以找到希望，30秒足以改善健康。九阳One Cup随饮机，30秒健康生活方式缔造者。

Cherry.Z：将我心中的秘密，半分钟暖成豆浆，给你一杯（辈）子的爱意。

腹黑小天真：一粒黄豆，用2000年让孝心流转；一杯豆浆，用30秒浓缩爱的典藏。

评选你心中的最佳品牌建设方案

苏李

看到文案摇滚帮来了一篇软文，那我也来一篇吧。

标题为“世界杯后，男人的检讨书”。

某男子与其父躲东莞某酒店看世界杯总决赛，回来后发现家里惨遭搬空，母亲和老婆至今未归。

敬爱的老妈大人、亲爱的老婆大人：

我们知错了！

得知深圳某人看世界杯猝死后，你们竟忧伤地对视了10多秒，这让我和老爸很害怕你们会不让我们看总决赛，所以我们才会斗胆外出。

我们13号下午2点出发，因为深圳酒店全部爆满，我们只有到东莞正规5星级酒店，我们对天发誓，只是看球，绝无其他过分行为。此处附上酒店入住票据，你们可以到酒店查看监控视频！

看完球后，我们因为阿根廷未能取得冠军，十分忧伤，于是到松山湖钓鱼。跪求同在松山湖钓鱼的兄弟作证。

当天回到家后，你们不见了，所有一切都没有了，我们很担心！

冰箱也没有了，我们钓的两条大飞鱼不能冻着等你们回来，现在挂在阳台，希望你们回来也能吃到鱼干。

为了表示我们真心悔改，我和老爸作出以下决定，望老妈大人和老婆大人原谅！

1. 未来一个月，我不准和兄弟喝酒，老爸不准打麻将。一个月后，如需喝酒或者打麻将，必须征得你们的同意。

2. 以后所有碗都归我们洗，一三五我洗，二四六老爸洗，要是你们愿意，可否让我们周日休息一天？如果不通过，我跟老爸会分别在午餐和晚餐后洗碗。

3. 以后你们做的杂粮豆浆，无论多难喝，我和老爸坚决喝光。

为表示诚意，我们专程去买了两台九阳新款 One Cup 随饮豆浆机，你们以后若是不高兴，随时弄豆浆惩罚我们！

老妈，老婆，我们真的知错了！求求你们快回来！家里没有人煮饭，没被子睡觉，没内裤换，我们十分难过！

【附酒店单据、鱼挂阳台图】

【两人签名和手印】

林大猴

30秒转瞬即逝，唯真爱不消失。

在爱情的世界里，人们都希望与自己白头到老的TA（他/她）是The One（唯一）。那个唯一的，对的人。弱水三千，只取一瓢，此生足矣。但茫茫人海中，千万次的祈祷才能换来一次的擦肩，千万次的擦肩才能等来一次的回眸，又是如此弥足珍贵。如何抓住心动的那一秒，让Mr/Ms.Right（真命天子/天女）认出自己？也许不需要太多酝酿，不是你的再怎么挽留也是空，是你的终究会陪伴。我不问：Are you my cup of tea（你是我的那杯茶吗）？但我会用30秒的时间为你做一杯豆浆。对的，不是茶，不是牛奶，更不是咖啡，它是豆浆。我不为帮你提神醒脑，只为传递我豆浆般简单低调的温存，因为真爱需要细水长流，平平淡淡才是真。我不想通过抓住你的胃来得到你的心，只想用有限的时间为你炮制健康，延长我们相伴的光阴。鱼的记忆是7秒，我愿每天用30秒让你懂得我的爱长达一生。

Every Little Thing

九阳这款豆浆机和韩寒主导的互联网内容聚合平台"一个"合作，拉升自己的逼格。然而，我想问的是：用"30秒"、"免清洗"、"静音"这样的元素真的能吸引到

“一个”的这些还没开始关注柴米油盐酱醋茶的用户吗？九阳 One Cup 随饮机为什么不和厨房界的“文艺青年”下厨房好好合作一把呢？送几个九阳 One Cup 随饮机给下厨房的明星用户，让他们充当自己的代言人，在下厨房网页版及 App 上上传他们用豆浆机做出的美味豆浆。

那个她

“我和他分手了。”

“为什么？”

“昨天他送了我很喜欢的豆浆机给我，我兴冲冲地试了一下，然后和他那个，完事时豆浆也煮好了。”

“那有什么问题？”

“问题是，他送的是九阳 One Cup。”

九阳 One Cup，30 秒搞定。

喵星人

致母亲——

忙碌的早晨，忙乱的厨房，每天你都比我们早起半小时，为我们准备清爽的豆浆。豆浆富含营养，口感更是上佳，再配上包子或者拌面，唯有这些传统的中国美食才最适应我们的胃。可每天看你因睡眠不足而疲惫的脸庞，孩子们与我都很心疼。女儿善淘宝，她告诉我，有一款豆浆机很好，30秒就能够打好一杯豆浆，可以让你多睡一会儿——它的名字是九阳One Cup随饮机。所以今后，和我们一起起床吧。

九阳One Cup随饮机，给家人留的不只是30秒的睡眠时分。

姓方名什么

我觉得，仅仅在“一个”上Po一款海报实在显得太理性，也太没逼格，或许可以为九阳One Cup随饮机特别拍摄一段长达30秒的微电影，实现跨界营销，想必会带来不错的效果。

该部微电影的内容为：不断进行倒计时，30秒后倒计时结束，有人拿着九阳One Cup，将豆浆倒进杯子，此时出现字幕——“30秒豆浆，就这么简单”。当数字一步步逼近最小值，看微电影的观众的心也一步步被攥紧——30秒后，究竟会看到什么，没有人知道；直到豆浆出现，每个人的心都将感受到前所未有的温暖。移动互联网时代已经到来，相比海报，视频将是更有效的传播武器。

经九阳官方旗舰店非常负责任地遴选，最佳品牌建设方案来自：
写出牛逼软文的@苏李！

最美杯具，且饮且珍惜：质造杯具打造杯具新境界

今日需求：要把杯子卖出更多内涵，怎么破？

使用场景：质造微店

首先，它是一个杯具。

其次，它是一个具有艺术感的杯具。

作为一个杯具，它的使命是盛水；而作为一个有艺术感的杯具，它的使命就多了不只一项了，你可以赋予它历史、哲学、宗教、艺术等多项装逼内涵。

用一句烂俗的话讲，质造微店正在用互联网思维卖杯具。

质造微店奉行“极致单品”战略，不贪多，贵在精。2013年创始之初，质造微店只做一款杯子，接着用这款杯子攻城略地。现如今，杭州质造文化创意有限公司已成为壹基金合作伙伴，质造杯具已打入台北故宫博物

↑图 5-14　质造杯具产品

院，在线上也引起了广泛的传播。

就是这样一款杯子，怎样把它写出与众不同的怦然心动感？

在我看来，一个可以有效拉升逼格的写法是——用冷静、克制的语言，描述一个牛得飞起的东西。就好比历经沧桑的绝世高手，席地而坐，波澜不惊地将自己年轻时候九死一生的经历娓娓道来。

先来一版宣扬品牌理念的文案——

一款懂节制的杯子。

质造认为，好的杯子，不该有过于复杂的花纹，懂得节制，才能参透平衡的微妙，以及质感的起源。

它有情绪，却不外露，只在你举杯之时，于惊鸿之间投射一个从容的人生。

逼格出来了，再来点系列的文案加把力道。

盛一杯系列——

盛一杯禅。

本来无一物，何处惹尘埃?

盛一杯美感。

你懂美，美也会懂你，杯喜自知。

盛一杯厚实。

装不下你的人生，怎会有“厚重感”？

装逼好累，感觉再也不会爱了。

七嘴八舌，脑洞大开

凯伦：1. 雨天——满城风雨斜，杯中水自静。2. 晴天——看不清的艳阳，握不尽的杯喜。3. 起风时——人间是过往的喧嚣，杯中是倒影的乐园。4. 醒来的一刻——哪顾得上是明是暗，一夜如梦，尽是盛不尽的“杯”喜。

Terry：1. 再好的盛夏，也要把你捧在手心。2. 不以己悲，愿以你喜。3. 有你，互抱着老掉也不怕。

雷老虎：盛半杯水，留一半矜持。盛半杯禅，留一半谦逊。盛半杯美，留一半细腻。

彭旭：1. 努力营造，火候决定品质；自然呈现，方显真挚美好。2. 成功始于杯水车薪的执念，没有那一杯水的偏执，便不可能扑灭强大百倍的熊熊大火——质造想给你的，是这样一只信念的杯子。3. 金杯贵荣誉，口碑重名声，世界杯盛满欢腾，质造杯壮怀激烈。

番茄公主：盛一杯淡然，侃侃而谈，静听欢喜。盛一杯闲适，举杯投箸，悠然南山。

猫七：此中有真意，欲辨已忘言。质造邀您品一杯清茗，重温陶渊明的心境。

Sylvia：质·感于心，造·悟于情。奇·循于景，迹·行于精。质造·奇迹。

评选你心中的最佳品牌建设方案

Miro 米小洛

质造微店创于杭州，说到杭州，大家会想到什么呢？西湖、断桥、许仙和白娘子，还是吴邪开在西泠印社旁边的古董店？总之，杭州的气质和质造杯具的气质很是相符。既然如此，质造微店何不联合杭州的旅游事业推出“忆江南，最忆是杭州”系列产品，或许能一举跃入杭州高端旅游纪念礼品行列。不过听说从 2015 年 1 月 1 日起，质造杯具已停止销售，相关负责人称，“要先专注于产品，再开启质造 2.0 时代”。不知道新的产品是否能配得上“质造”二字，又能否配得上杭州？不管怎么说，专注产品都是商家最应该做的事。

Bananas

质造微店的目标客户群可能是那些有文化、拥有中高收入、对生活品质有较高要求，还有一定审美趣味的年轻人。面对这样一群顾客，质造微店或许可以赞助或者举办一些论坛活动、陶艺活动等，或者干脆开放自己的工作室，带大家亲眼看看质造杯具完美的制作工艺，了解质造杯具是如何成型的，甚至让大家参与到杯子的制作中来。

小净 Jill

杯具这种东西，很容易就和小资、文艺、禅等高端词汇联系在一起，但除了卖弄这些，杯具其实还有很多可以提高的空间。

第一，统一店铺的整体风格，可以将促销信息融合在整个店铺中，避免太过突兀。

第二，产品详情页最重要的信息就是产品的卖点，从这一点出发，质造微店需要对自己的产品详情页进行微调：首先，将产品的卖点提前至产品详情页起始处；接下来，设置产品的整体展示，用大图为客人营造文艺、清新、浪漫的感觉；再接下来，就是常规的产品信息、产品整体图、细节图等；最后再加上品牌故事和售后信息，一方面让客人了解品牌，另一方面也方便以后做客户维护。

第三，做好客户维护也非常重要。能在质造微店购买商品的人肯定是经常购买这种文艺、小资商品的年轻人群，他们的圈子也大都是这样的人群，维护好这类老客户会给店铺带来源源不断的收益。说到客户维护，可以通过微信、QQ 群等方式进行，多和消费者及潜在消费者互动。可以针对不同客人的情况采取不同的策略，或 Po 一些鸡汤上来，或分享好的音乐、电影及艺术品，等等。少说自己的产品好，多说自己是怎么做的，让客人感受到店铺的细心和产品的好处。

第四，关于促销，建议质造微店使消费者在购买指定产品时使用优惠券，原因在于：一旦消费行为集中在一个产品上时，该产品便成为店铺的主打款、爆款，成为店铺的引流产品。

第五，做关联陈列。从一个专门的页面为关联产品引流未必有效果，一定要在产品详情页做关联陈列，一方面提升客户看到关联陈列的几率，另一方面也增加了购买的几率。

最后，可以尝试利用免费平台做一些活动，积累销量。

轻疯

首先要说的是，其实我没有看质造微店的运营状况，我在这里只说一些我自己运营店铺中的经验，希望给质造微店带来帮助。

首先，确定店铺风格。要知道店铺风格一定得和文案、图片相协调，并保持统一性。

其次，在淘宝网或者天猫商城中抽取同等类目中排在前30位店铺的产品详情页——它们能排在这个位置，转化率想必是不低的——把自己当做消费者来充分学习。这之后，自己的文案也就有个大概了。再大体写一下文案，用简洁的语言叙述自己产品的卖点。

提到杯具，可能绝大多数的商家都会和历史文化联系在一起，再依托月、茶等意象，来一发文案。而质造除了依托这样大的文化背景，还可以寻找自己产品与大文化背景的契合点——比如说思乡的情感诉求，利用场景——中秋夜独自饮茶，做进一步的叙述。

再次，在已确定的大风格之下，配合文案来配图。如果卖的是质造杯具，那文案与文化相关，配图也便力求高雅、素净、有情怀，切忌艳俗。如果卖的是情怀，那么请多 Po 大图、细节图，配合干花、流水等可烘托杯具的道具。

**经质造微店非常负责任地遴选，最佳品牌建设方案来自：
@ 小净 Jill！**

图书在版编目（CIP）数据

网店吸睛五步法：旺铺成长终极攻略 / 文案摇滚帮著. -- 北京：中国友谊出版公司, 2015.6

ISBN 978-7-5057-3529-3

Ⅰ. ①网… Ⅱ. ①文… Ⅲ. ①电子商务—商业经营 Ⅳ. ①F713.36

中国版本图书馆CIP数据核字（2015）第110862号

书名 网店吸睛五步法：旺铺成长终极攻略

作者 文案摇滚帮

出版 中国友谊出版公司

策划 杭州蓝狮子文化创意有限公司

发行 杭州飞阅图书有限公司

经销 新华书店

制版 杭州真凯文化艺术有限公司

印刷 杭州钱江彩色印务有限公司

规格 710×1000毫米 16开
13.75印张 163千字

版次 2015年6月第1版

印次 2015年6月第1次印刷

书号 ISBN 978-7-5057-3529-3

定价 38.00元

地址 北京市朝阳区西坝河南里17号楼

邮编 100028

电话 （010）64668676